Diogenes Taschenbuch 21786

Georges Simenon

# *Vor Gericht*

*Roman*

*Deutsch von Linde Birk*

Diogenes

Titel der Originalausgabe:
›Cour d'assises‹

Umschlagfoto: Xavier Deluc in der Hauptrolle der gleichnamigen Verfilmung von Jean-Charles Tacchela.
TF 1/Hamster Productions/Telepool/K.R.O./SSR
mit freundlicher Genehmigung

*Deutsche Erstausgabe*


100/89/43/1
ISBN 3 257 21786 2

# 1

Für die anderen, für alle, die außer Petit Louis dabei waren, gab es nichts Außergewöhnliches am Himmel oder auf der Erde, die Abendstunde war von jenem rötlichen Leuchten erfüllt, das in Le Lavandou oft vorkommt, wenn der erkaltende Himmel plötzlich Stille verbreitet, alle Dinge erstarren und jeder Laut verstummt. Ein recht malerisches Souvenir, das man bei seinen Ansichtskarten und Muscheln aufbewahren kann.

Das Leben zeigte sich von seiner angenehmsten Seite!

Der schattige Platz unten am Hafen am Fuße der abschüssigen Straße war noch vom 14. Juli geschmückt, die Palmen entfalteten vor der untergehenden Sonne ihr prachtvolles Grün, und die Fahnen hingen herab, wie auf einem Gemälde.

Niemand ahnte, daß diese Stunde, da der halbe Himmel schon rot war, das Blau sich in Grün verfärbte und die Reflexe auf dem Wasserspiegel der Bucht immer breitflächiger wurden, plötzlich erschallende Laute schnell wieder erstarben, als wären sie ungehörig gewesen – niemand also ahnte, daß diese beliebige Stunde, die allen zu gehören schien, die Stunde von Petit Louis war, während alles andere, was ihn umgab, nur das Dekor bildete.

Am Strand lagen in der Nähe des Casinos und beim Sprungbrett noch ein paar Nachzügler im Sand, und

Mütter mit Milchbrüsten und blaugeäderten Schenkeln gingen ohne Eile nach Hause, wobei sie ihre Kinder, die rote oder grüne Badehöschen anhatten, hinter sich herzogen.

Hin und wieder kam ein Auto die Straße herab, da wurden dann die Wagentüren laut zugeschlagen, und weißgekleidete Leute gingen auf andere weißgekleidete Leute zu, die an der Potinière um Tische versammelt waren.

Petit Louis' Augen lachten, nur die Augen, wie es in glücklichen Augenblicken des Lebens geschieht, wenn man alles wagt, weil man weiß, daß es gelingt. Sie lachten, als sie auf die Uhr am Postamt sahen, deren Zeiger auf zwei Minuten vor sieben standen. Und sie lachten auch noch, während sein Blick an der Fassade des nahegelegenen ›Hôtel Provençal‹ entlangglitt und dann an einem Fenster im ersten Stock haften blieb.

Etwa zwanzig Leute hatten bewundernd einen Kreis um ihn gebildet, Passanten, die stehengeblieben waren, um ihm beim Spiel zuzusehen, Frauen in geblümten Badeanzügen, die mit ihrem Handarbeitszeug vom Strand kamen, Männer, die er durch seine Geschicklichkeit neugierig gemacht hatte, einheimische Fischer in lässiger Kleidung mit Hosen, die ihnen über die Hüften herunterrutschten.

Alles hatte vor vier Tagen damit angefangen, daß Petit Louis das ›Café du Centre‹ betrat. Er trug schon denselben sehr hellen grauen Anzug, dieselben allzu feinen Schuhe mit Verzierungen aus Schlangenleder und strahlte frischrasiert und leicht gepudert schon jene besondere Fröhlichkeit aus, die einer Sonntag morgens hat, wenn er sich endlich fein kleiden kann, sich dann aber geziert bewegt und beim Gehen darauf achtet, nicht gegen Steine zu stoßen, wobei er sein Spiegelbild in den Schaufensterscheiben bewundert.

Das Lokal war sowohl von Fischern wie von Fremden besucht. Petit Louis beachtete weder die einen noch die anderen, sondern steckte Franc-Stücke in den Spielautomaten, den er so lange beobachtete, bis er ihn geschickt neigen konnte, so daß die Kasse herabfiel und die Münzen mitten in den Raum prasselten.

Na bitte! Er hatte die Sache hingenommen, wie etwas, das ihm zustand. Etwas später war er auf ein paar Einheimische zugegangen, die neben den zum Trocknen aufgehängten Netzen Boule spielten und dabei wegen der Fremden, die ihnen zusahen, viel redeten.

Petit Louis hatte nichts gesagt. Nichts außer: »Gib mir mal einen Augenblick deine Kugeln, Kleiner!«

Er warf eine davon fünfundzwanzig Meter weit. Dann zielte er, machte drei Schritte, drei Sprünge, mit einem Klacken traf seine Kugel auf die erste auf, und die anderen Spieler wandten sich um.

Seine Augen lachten schon. Das Abenteuer begann, und es begann genauso wie er es gewollt hatte, denn eine halbe Stunde später spielte er, umringt von immer zahlreicheren Neugierigen, gegen die anderen.

»Bist wohl aus Marseille?« hatte ihn ein Fischer gefragt.

Darauf hatte er nur gesagt:

»Aus der Gegend ...«

Die Jugendlichen, Fünfzehn- bis Achtzehnjährige, betrachteten neidisch seine weiße Flanellmütze, die spitz zulaufenden Schuhe, den Ring, den er an der linken Hand trug. Die Sommergäste machten sich gegenseitig augenzwinkernd auf ihn aufmerksam, aber ihre Frauen blieben stehen, um ihm beim Spiel zuzusehen.

»Was ist hier der höchste Einsatz?« hatte er am zweiten Tag gefragt.

Den hatte er dann herausgefordert und gewonnen. Danach hatte er Monsieur Bauche, den Leiter des Postamts, aufs Korn genommen und ihm fünfzig Francs abgeknöpft.

»Montag mache ich das Entscheidungsspiel gegen Sie auf der Straße vor der Post...«

»Dann aber nicht vor sieben!«

Jetzt war es zwei Minuten vor sieben, eine Minute vor sieben. Um sich ein wenig einzuüben, spielte Petit Louis mit einem Automechaniker und einem Koch des ›Provençal‹ um den Aperitif. Die anderen machten sich keine Gedanken darüber, weshalb er das Spiel geduldig auf die Straße, genau auf die Kreuzung verlegt hatte, wo sie dauernd von vorüberfahrenden Autos gestört würden, und warum er nicht auf dem schattigen Platz geblieben war.

Ein Auto stand ja schon genau unterhalb von ihnen am Straßenrand nicht weit von dem Gemischtwarenladen entfernt, dessen Auslagen von Reifen, Badeanzügen und Gummibällen überquollen.

»Da kommt der Leiter des Postamtes!«

Monsieur Bauche hatte seinen Rock schon abgelegt, und beim Gehen wog er nun die Kugeln in der Hand. Man sah ihm an, daß er die Sache sehr ernst nahm.

»Spielen Sie immer noch hundert Francs gegen zehn?« fragte er.

Da lachten Petit Louis' Augen noch mehr, während die Neugierigen einander die Wettbedingungen weitersagten und oben am Fenster eine Gestalt verschwand.

»Sie haben den Vortritt... Werfen Sie die Zielkugel...«

Boy, Portier und Empfangschef verfolgten die Partie von der Freitreppe des ›Hôtel Provençal‹ aus. Die Drehtür bewegte sich. Petit Louis schien sich nicht darum zu kümmern, aber er wußte genau, daß sich jetzt eine Frau fasziniert nähern und in die erste Reihe stellen würde.

Als wollte er sie belohnen, warf er auf zwanzig Meter Entfernung eine *Estanque* und sah darauf die Frau an, als wollte er sagen:

»Na, zufrieden?«

Dabei hatte er weiß Gott anderes zu tun, und jede Minute zählte! Er hatte alles im Blick: das dicke Auto am Straßenrand, ein weiteres Auto rechts von der Straße, zwei Männer in der hintersten Reihe der Neugierigen, die eine Zigarette rauchten, vor allem aber den Uhrzeiger und das rote Gesicht des Postbeamten, der nicht auf seine Geliebte schimpfte, sondern auf die Steine am Weg.

»Drei zu Null! Möchten Sie zehn Punkte Vorgabe, Monsieur Bauche?«

Die Frau war fast zu aufdringlich, zu gefühlvoll dahinschmelzend, sie brachte ihn aus dem Konzept, er konnte es nicht lassen, sich bei jedem Wurf ihrer Zustimmung zu versichern.

Alles, was er von ihr wußte, war, daß sie im ›Provençal‹ wohnte, im besten Hotel also, und daß sie von morgens bis abends allein war, sich so spärlich wie möglich kleidete und auf ihren fetten weichen Schultern einen knallroten Sonnenbrand hatte.

Am Vortag hatte er ihr lachend zugerufen:

»Treten Sie ein wenig zurück, Mama ...«

Als er aber bemerkte, wie betrübt sie war, hatte er diesen Satz mit einem schalkhaften Lächeln abgemildert.

Sie war vielleicht fünfzig Jahre alt, vielleicht auch älter, deshalb aber nicht weniger verliebt. Sobald Petit Louis nur die Kugeln in die Hand nahm, kam sie von wer weiß woher angelaufen. Dann blieb sie glückselig da stehen und war so gebannt, daß man sie schon beiseiteschieben mußte, wenn ein Auto vorüberkam.

»Wetten, daß ich ein *Palet* mache!«

Seine drei unnachahmlichen Sprünge ... Die Kugel beschreibt eine lange Parabel und schlägt mit dem vollen Eisen auf die gegnerische Kugel ...

Das Postamt war schmal, über Eck gebaut und hatte eine Tür zur einen und eine Tür zur anderen Straße, die Fenster waren vergittert, und an der rosa Mauer befand sich ein grüner Briefkasten.

Eine der Aushilfskräfte, die ältere, die aus Paris stammte, kam heraus und begab sich hinüber zu ihrer Mutter in eine Familienpension. Dann kam die andere, die schielte, an die Reihe, der Petit Louis am Vorabend zum Spaß zugenickt hatte.

»Wenn Sie hier als Professioneller spielen ...«, brummelte der Postbeamte, während er entmutigt zielte.

In diesem Augenblick geschah alles gleichzeitig, und es war komisch zu sehen, wie der Schnurrbart des guten Mannes erzitterte, während hinter den Zuschauern, die sie verbargen, zwei Männer das Postamt betraten.

Trotz allem war Petit Louis eine Sekunde lang unachtsam, steckte eine Zigarette an, um seine Fassung zurückzugewinnen und sah sich mit gespielter Nonchalance den Stand des Spiels an.

»Schon gewonnen ...«, sagte er mechanisch.

Er verlor den Punkt, runzelte die Stirn, weil seine Bewunderin meinte, eine betrübte Miene aufsetzen zu müssen.

»Den zweiten gewinne ich wieder ...«

Er verlor noch einmal, und Monsieur Bauche triumphierte, wischte sich den Schweiß ab, hob seine Kugeln auf und sagte spöttisch:

»Sie haben wohl gedacht, das könnte immer so weitergehen?«

Mit einem Blick auf das Postamt erfaßte Petit Louis gleichzeitig die dunklen Bäume auf dem Platz, die Fahnen vom 14. Juli und die untergehende Sonne.

Die Uhrzeiger standen auf acht Minuten nach sieben, und er warf noch eine Kugel daneben, runzelte unwillkürlich die Stirn und stieß einen kleinen Jungen, der über ihn lachte, grob beiseite.

»Jetzt bin ich dran!« schrie Monsieur Bauche.

Aber das spielte schon keine Rolle mehr, Petit Louis merkte es an einem Motorengeräusch. Die Leute drängten sich zusammen, um ein Auto durchzulassen, dann noch eines; danach bildete sich wieder das Rechteck um die Spieler, und Monsieur Bauches Kugel blieb weniger als drei Zentimeter vom Ziel entfernt stehen.

Petit Louis mußte unbedingt irgend etwas sagen oder tun. Er suchte mit den Blicken nach seiner Bewunderin.

»Einen Aperitif darauf, daß ich die beim ersten Wurf

kassiere!« murmelte er mit einschmeichelndem Augenaufschlag.

Sie nickte nur leicht, denn sie war zu erregt, um etwas sagen zu können.

»Sie stecken keinen einzigen Punkt mehr ein, Monsieur Bauche!« rief er aus und stellte sich in Position für den nächsten Wurf.

»Das werden wir ja sehen ...«

»Da gibt es nichts mehr zu sehen ... Bitte sehr ...«

Der Aufschlag des Eisens auf das Eisen der anderen Kugel war die erste Antwort.

»Wieviele Punkte haben Sie?«

»Drei.«

»Wenn Sie auch nur noch einen herausholen, verstehen Sie, nur einen einzigen, dann schenke ich Ihnen die Partie ...«

Von nun an konnte er sich alles erlauben. Er war seiner Sache sicher. Die Kugeln gehorchten ihm, und er zielte nicht einmal mehr, bevor er seine drei Hüpfer machte.

»Dreizehn ... Und einer macht vierzehn ... Und einer ...«

»Den kriegen Sie nicht ...«

»Warten Sie nur, bis sie stehenbleibt ... Was habe ich Ihnen gesagt?«

Wie im Stadion liefen die Leute gleich nach dem letzten Wurf auseinander, jeder nahm sein eigenes Leben wieder auf und fand zu seiner Persönlichkeit zurück.

»Ich hole das Geld ...«, sagte Monsieur Bauche.

»Das hat keine Eile ... Später ...«

»Nein! Nein! ... Schließlich habe ich verloren ...«

Einige Frauen betraten endlich das Lebensmittelgeschäft, andere setzten sich auf die Terrasse. Schließlich stand nur noch seine Bewunderin neben Petit Louis. Ihr üppiger Busen zitterte unter dem geblümten Seidentuch, das sie im Nacken geknüpft hatte.

»Nun?« warf er ihr zu.

»Ich bin Ihnen einen Aperitif schuldig ...«

»Dann gehen wir doch!«

Sie fragte sich, ob das alles wahr war, ob sie wirklich neben ihm herging und er ihr auf der Terrasse des ›Potinière‹ wirklich unerwartet galant einen Stuhl hinschob.

»Setzen Sie sich ... Jetzt kommt bestimmt gleich der Postbeamte heraus ...«

Er konnte nicht dagegen an. Es mußte heraus. Dann sagte er noch:

»Der wird jetzt völlig aus dem Häuschen sein!«

»Warum?«

Der Kellner unterbrach sie.

»Pfefferminzsaft ...«, bestellte Petit Louis. »Und Sie, Madame?«

»Das gleiche ... Egal was ... Was haben Sie gesagt?«

»Nichts ... Sind Sie schon lange in Le Lavandou?«

»Nein! Seit acht Tagen. Es ist mir schon langweilig. Ich habe hier nichts verloren ...«

Sie streckte ihm ihr Zigarettenetui entgegen, dann ein hübsches goldenes Feuerzeug, und er konnte sich nicht enthalten, dieses einen Augenblick abwägend in der Hand zu halten.

»Ja ... Es ist familiär hier ...«, bemerkte er und drehte sich nach einem Tisch um, an dem ein bärtiger Herr mit vier Kindern saß.

»Es wimmelt von Flittchen ...«, sagte sie.

Er berührte sie am Arm.

»Sehen Sie!«

»Was soll ich sehen?«

Das Postamt konnte man nicht sehen, den Leiter des Postamts aber sehr wohl, der in Begleitung eines Gendarmen, den er vom Platz geholt hatte, herumgestikulierte.

»Was ist passiert?«

Er drückte seine feine Schuhsohle ungeniert auf den Fuß seiner Begleiterin, obwohl diese nur Sandalen trug. Er konnte sich alles erlauben!

Einige Leute standen auf und gingen zum Postamt, wußten aber nichts Genaues.

»Haben Sie etwas angestellt?« flüsterte sie ihm zu.

Er antwortete mit einem Augenzwinkern.

»Ist es nicht gefährlich für Sie, wenn Sie hierbleiben?«

Da sah er sich um und sagte mit aufgeworfenen Lippen:

»Nichts kann mich hindern hierzubleiben, wenn Sie mich zum Abendessen einladen ...«

»Sie wissen genau, daß ich nichts lieber täte! ... Was ... was ist da los?«

Denn an der Ecke, hinter der die Post lag, gab es einen Menschenauflauf.

»Wollen wir uns ein wenig die Füße vertreten?«

Sie gingen quer über den ganzen Platz, wobei er mit den Händen in den Taschen eine Zigarette rauchte.

»Sie haben da ein Ding gedreht, nicht?«

»Beruhigen Sie sich! Keine Bange! Alle haben doch gesehen, daß ich Boule gespielt habe. Und ich konnte ja wohl nicht mit dem Leiter des Postamtes Boule spielen und gleichzeitig seine Kasse ausrauben ...«

»Man hat die Kasse ausge ...«

Fast hätte sie ihn getadelt und zu ihm gesagt:

»Lieber Gott, wie unvorsichtig Sie sind!«

Er genoß die ruhige Atmosphäre, den Anblick des immer grüner werdenden Himmels, eines roten Badeanzuges, der noch auf dem Sand zu sehen war und wie der letzte Widerschein eines sonnigen Tages wirkte.

»Sind Sie der Anführer?« fragte Petit Louis' Begleiterin.

»Noch nicht ...«

»Sind das Freunde von Ihnen, die das gemacht haben?«

»Freunde von mir, ja ... Hören Sie, wie wäre es, wenn wir uns zu Tisch setzten?«

»Wo wollen Sie zu Abend essen?«

»Ich nehme an, es wäre Ihnen peinlich, wenn wir in Ihrem Hotel äßen ... Wir können wieder zur ›Potinière‹ zurückkehren ...«

Es herrschte heillose Aufregung. Vor dem Postamt standen Leute in Grüppchen zusammen. Noch bevor sie mit dem Essen fertig waren, kam ein Auto aus Hyères mit Leuten von der mobilen Brigade, die sich ins Postamt zurückzogen.

Petit Louis stand immer noch unter Anspannung. Er trank weder Schnaps noch Wein, trotzdem hatte er gerötete Wangen und ein Prickeln in den Fingerspitzen.

»Erzählen Sie mir ...«, bat seine Begleiterin.

Er spielte.

»Erst, wenn Sie mir Ihren Namen gesagt haben!«

»Constance d'Orval … Ich bin Witwe …«

»Das habe ich mir gedacht!«

»Warum?«

»Nur so. Wohnen Sie in Paris?«

»Nein! Ich wohne in Nizza … Ich bin zur Luftveränderung hergekommen …!«

»Hotel?«

»Was?«

»Ich frage, ob Sie in Nizza im Hotel wohnen.«

»Das heißt, ich wohne möbliert, bis meine Möbel von meinem Landhaus hier ankommen.«

»Sie haben ein Landhaus?«

»Im Loiregebiet … Für eine alleinstehende Frau ist das Leben dort aber zu traurig …«

Sie war rührend in ihrer Sanftheit, mit ihrer Liebe und Fügsamkeit. Sie schmolz dahin. Ihre Augen wurden feucht.

»Jetzt müssen Sie mir erzählen, was Sie gemacht haben …«

»Eine Kleinigkeit … Ein Ding, das vielleicht zweihundert Scheinchen einbringt …«

»Wie?«

»Denn es gibt ja keine Bank in Le Lavandou. Dieses Jahr lag der 14. Juli sehr günstig. Also hatten die Hoteliers und Geschäftsleute heute die Kassen voll und mußten das Geld doch irgendwo einzahlen. Und die meisten zahlen es eben auf der Post ein …«

Sie staunte wirklich über alles.

»Der Zug fährt um sieben Uhr zweiunddreißig … Wenn das Postamt um sieben Uhr schließt und die Briefe und die versiegelte Post in den Säcken sind, ist da nur noch der alte Macagne, der im Winter als Briefträger arbeitet, und wartet, bis es Zeit ist, sein Wägelchen zum Bahnhof zu schieben ...«

Sie stammelte:

»Ist er umgebracht worden?«

»Aber woher denn! Ein Knebel und Fesseln an Füßen und Händen ...«

»Und deshalb haben Sie an der Stelle Boule gespielt?«

»Sie sagen es!«

»Haben Sie sich den Plan ausgedacht?«

Er antwortete nicht, sondern begnügte sich mit einem bescheidenen Lächeln. Ein paar Augenblicke später, als vom Casino her Musik zu hören war, seufzte Constance:

»Glauben Sie, daß man Sie verdächtigt?«

»Selbst wenn ...«

»Und wenn man Sie verhaften würde?«

Er gab sich immer noch betont lässig. Er spielte auch mit dem goldenen Feuerzeug und hätte es einmal fast in seine Tasche gleiten lassen.

»Wann treffen Sie sich mit Ihren Freunden?«

»Sobald sie mir ein Zeichen geben ...«

»Wie? Sind sie denn noch hier?«

»Nein, nein! Um diese Zeit sind mindestens zwei von ihnen schon in Marseille und die anderen in der Gegend von Cannes oder Nizza ...«

»Sie hatten gestohlene Wagen, nicht?«

»Man sieht, daß Sie immer die Vermischten Nachrichten lesen!«

»Sind sie auch so ... so jung wie Sie?«

»Titin ... Ich meine, der eine ist fünfunddreißig ...«

»Und Sie?«

»Vierundzwanzig.«

»Nicht verheiratet?«

Auf dem Tisch stand eine kleine Lampe in Kerzenform mit einem winzigen lachsfarbenen Schirm. Auf der Terrasse redeten die Leute über den Vorfall im Postamt, aber Petit Louis hörte nicht zu.

Es war vielleicht elf Uhr, als er seufzend sagte:

»Sollten wir nicht schlafen gehen?«

Sie erschauderte und sah sich unwillkürlich um, ob jemand zugehört hatte.

»Wo?« hauchte sie.

»Na ... in Ihrem Hotel ...«

»Man wird Sie hereinkommen sehen ...«

»Ist Ihnen das peinlich? ... Dann gehen Sie schon voraus ... Welche Zimmernummer haben Sie?«

»Siebzehn ...«

»In einer Viertelstunde bin ich da ...«

Er erhob sich und trat unter die Bäume, während sie die Rechnung bezahlte. Als sie an ihm vorüberkam, winkte sie ihm verstohlen zu; sie konnte einfach nicht weitergehen, ohne ihm ihre Zärtlichkeit auszudrükken.

»In einer Viertelstunde ...«, stammelte sie.

Auf dem Gehsteig vor der Post, wo alle Fenster erleuchtet waren, standen jetzt nur noch fünf oder sechs Neugierige herum. Ein Gendarm bewachte den Eingang.

Petit Louis zog es vor, ins ›Café du Centre‹ zu gehen, wo er sich an die Theke stellte.

»Grüne Minze ... Was meinen Sie? Hat der Postler

die ganze Sache vielleicht nur organisiert, um mir meine zehn Francs nicht zahlen zu müssen?«

Sein Spaß kam nicht an, und er zuckte mit der Achsel.

»Das kommt jetzt groß in die Zeitungen: die Gangster von Le Lavandou!«

Er sah die Umstehenden herausfordernd an. Er wußte, daß keiner wagen würde, sich zu rühren; er setzte seine Mütze mit einer schnippenden Bewegung zurecht und warf fünf Francs auf die Theke.

Kurz darauf betrat er seelenruhig das ›Hôtel Provençal‹. Der Geschäftsführer war noch da und machte die Abrechnungen. Er hob den Kopf. Der Pförtner hob ebenfalls den Kopf.

Petit Louis blieb stehen, steckte sich noch eine Zigarette an und murmelte:

»Zu Madame d'Orval, Zimmer 17... Sie erwartet mich!...«

Als er schon auf der Treppe war, fiel ihm noch etwas ein und er kehrte zum Empfangsbüro zurück.

»Ich möchte dann morgen früh um acht schwarzen Kaffee und Croissants...«

## 2

Battisti sagte voller Genugtuung über den Schlag, den er ihm damit versetzte:

»Weißt du, daß der alte Macagne im Krankenhaus ist? Wenn er draufgeht, sieht es sehr schlecht für dich aus.«

Und Petit Louis, dessen Augen noch immer fröhlich funkelten, erwiderte nur verachtungsvoll:

»Tatsächlich!«

Es lief alles so weiter wie jene Dorffeste, die nie aufhören. Man erwacht morgens mit einem etwas schweren Kopf, aber bevor man noch die Augen aufschlägt, erinnert man sich, daß das Fest noch weitergeht und man ruhig noch im Bett liegen bleiben kann, während die Kinder nach der Messe Karussell fahren dürfen.

Die Polizei war genau in dem Augenblick im Hotel aufgetaucht, als Petit Louis seine erste Zigarette rauchte und sich vor dem Spiegel die Krawatte band.

»Man hat unten nach Ihnen gefragt ...«

»Sagen Sie, daß ich gleich komme ...«

Und zu Constance, die noch im Bett lag und das Frühstückstablett auf dem Bauch stehen hatte, sagte er:

»Und Sie sollten sich schnell anziehen ...«

»Wieder fängst du an ...?«

»Ich meine, du solltest ...«

Sie hatte ihn inständig gebeten, sie zu duzen, aber das war verdammt schwierig, und er vergaß es jedesmal.

»Bist du sicher, daß sie dich wieder freilassen?«

Ja, und da war er nun! Er hatte nur noch die Straße zu überqueren gehabt, deren Häuser hellgetüncht wie aus dem Baukasten waren, und saß Kommissar Battisti von den mobilen Brigaden gegenüber, den er schon aus Marseille kannte; Battisti versuchte ihm natürlich mit seiner Geschichte von Macagne einen Tiefschlag zu versetzen, aber Petit Louis blies den Rauch seiner Zigarette in die Luft und erwiderte:

»Tatsächlich!«

»Kannst du mir vielleicht sagen, Petit Louis, wo du in diesen fünf Tagen, seit du hier in Le Lavandou bist, geschlafen hast? Du bist in keinem einzigen Hotel gemeldet.«

»Und wenn es nun immer wie diese Nacht gewesen wäre?« sagte er spöttisch.

Dann fuchtelte er, um seine Zigarette wieder anzuzünden, die aber gar nicht aus war, mit dem goldenen Feuerzeug herum und spielte weiter damit. Battisti bemerkte es natürlich, sagte aber nichts.

»Wann hast du denn deine Freunde aus Marseille zuletzt gesehen? Gib mir doch mal deine Brieftasche her!«

Sie enthielt einen Fünfzigfrancschein, eine Busfahrkarte Hyères–Toulon, das Bild einer nackten Frau und eine braune Haarlocke.

»Ist das alles, was du noch an Geld besitzt?«

»Ja, alles.«

»Was machst du jetzt?«

»Ich habe Arbeit gefunden ...«

»Bei der Alten?«

»Ich bin ihr Privatsekretär.«

Sieben oder acht Personen standen auf dem schmalen Gehsteig und hofften, eine Verhaftung mitzuerleben. Sie ahnten nicht, daß es drinnen herzlich, ja fast lustig zuging und Battisti die Dinge kaum tragischer nahm als Petit Louis.

»Ich will dir jetzt einmal etwas Erfreuliches sagen«, sagte er aber dann doch. »Bis jetzt hat es noch nicht zu viel Stunk gegeben. Weshalb hat man dich eigentlich damals beim erstenmal verurteilt?«

»Wegen Beamtenbeleidigung mit Körperverletzung ...«

»Und beim zweitenmal?«

»Da hat man mich in der ›Modern Bar‹ bei einer Schlägerei geschnappt, weil ich eine Kanone in der Tasche hatte ...«

»Also ich gebe dir jetzt einen guten Rat: laß dich nicht ein drittesmal erwischen! Irgendwie habe ich das Gefühl, es könnte schlecht für dich ausgehen. Du bist mir allzu selbstsicher! Du reißt das Maul zu weit auf ...«

Petit Louis tippte höflich an die Mütze, die er nicht abgenommen hatte, und ging hinaus. An der Tür blieb er einen Augenblick stehen, um die Gaffer anzugrinsen.

Eine halbe Stunde später saß er mit Constance im Bus. Schon beim Aufstehen hatte er entschieden:

»Wir sollten nach Nizza zurückfahren!«

Und mit einem etwas scheelen Blick gefragt:

»Haben Sie kein Auto?«

»Ich hatte eines ... Aber da mußte ich mir einen Fahrer halten ...«

Gut! Er hatte verstanden! Über ein Auto würde man später reden! Fürs erste mußten sie mit einer Menge von

Ausländern im Bus fahren, die mit dem Gesicht an den Scheiben klebten und sich bei jeder Gelegenheit begeisterten.

Es war warm. Die Luft roch nach Eukalyptus und Staub. Constance schloß in dem schaukelnden Fahrzeug die Augen halb und lächelte vor sich hin, dann schien sie plötzlich wie aus einem Traum zu erwachen und sah sich um, ob Petit Louis auch wirklich da war.

Nachdem sie an der Place Masséna ausgestiegen waren, murmelte er:

»Nehmen wir ein Taxi...«

Seine Begleiterin protestierte:

»Es ist ganz nah!«

Er ließ sich zuerst nichts anmerken, weil er nichts weiter dabei dachte. Als er aber dann mit einem schweren Koffer und einer lächerlichen Hutschachtel an den Häusern entlangging, bereute er alles.

›Sie wird doch wohl nicht geizig sein?...‹

Bevor er ihre Wohnung gesehen hatte, ließ sich nichts Endgültiges sagen. Es war tatsächlich nicht weit. Gleich nachdem sie die Avenue Albert 1er überquert hatten, schlugen sie die Rue de France ein, und dann war es die erste Straße rechts, eine ruhige Straße, an der große gelbe Häuser standen, die alle gleich aussahen.

»Wenn ich bloß nicht den Schlüssel im Koffer gelassen habe!« zierte sie sich keuchend, denn er trieb sie zu raschem Gehen an. »Ich habe wirklich ein Spatzenhirn...«

Er sagte nichts, warf ihr aber einen gemeinen Blick zu. Sie merkte nichts. Sie war glücklich. Sie strahlte vor Glück und spähte zu den Fenstern auf beiden Straßenseiten hinauf, weil sie hoffte, man würde sie mit ihrer Eroberung sehen.

»Warte ... Hier ist es ...«

Auf einer Marmortafel stand ›Villa Carnot‹, und man sah auf den ersten Blick, daß es hier vor allem möblierte Wohnungen gab. Auf einem Schild an der Tür waren die Namen von mindestens dreißig Mietern verzeichnet, darunter eine Hebamme, ein Arzt mit russischem Namen, eine Masseuse, ein Gesangslehrer ...

Auch die Treppe war aus Marmor. Constance ging in den zweiten Stock hinauf, wandte sich dann nach links einem Gang zu, wo es nur noch Marmorimitation gab und begann dann vor der Tür nach ihrem Schlüssel zu suchen.

Eine andere Tür ging auf, die Tür der Nachbarwohnung, und Petit Louis sah ein mit einem Morgenrock nur knapp bekleidetes junges Mädchen mit zerzausten Haaren, dessen finsterer Blick den seinen kreuzte.

»Wer ist das?« fragte er, als sie sich in der Wohnung befanden.

»Keine anständige Person ... Eine wahre Zigeunerin ... Petit Louis!«

»Was?«

»Du wirst doch jetzt nicht den Nachbarinnen nachlaufen?«

Sie gab sich den Anschein zu spaßen, aber er merkte, daß Eifersucht in ihr aufstieg. Er setzte Koffer und Hutschachtel langsam ab, öffnete die Läden und sagte:

»Eines möchte ich von vornherein klarstellen: Ich bin Ihnen keine Rechenschaft schuldig über das, was ich tue!«

»Du hast mich wieder gesiezt!«

»Dir, wenn es dir Spaß macht...«

»Du Böser!«

Nein! Bloß keine Rührung aufkommen lassen! Bloß keine Tränen und diese endlosen feuchten Küsse, bei denen sie ihn unter dem Gewicht ihrer Brüste erstickte.

Zuerst einmal mußten die ernsten Dinge geklärt werden! Er sah sich um und wußte noch nicht genau, ob es ihm nun gefiel oder nicht.

»Ist dies das Wohnzimmer?«

»Es gibt nur drei Zimmer und den Vorraum... Wenn Niuta auszöge, könnte man auch ihre Wohnung mieten...«

»Ist das die Nachbarin?«

»Ja... Warte... Achte nicht auf die Unordnung... Als ich abfuhr, wußte ich ja nicht, daß ich mit jemandem zurückkehren würde...«

Sie hatte schrecklich Angst, er könnte einen schlechten Eindruck von ihr bekommen, und lief hin und her, um eine Nippfigur zurechtzurücken oder ein Kissen in einem Sessel aufzuschütteln.

»Geh noch nicht in mein Schlafzimmer... Ich muß zuerst nachsehen...«

Lieber Gott, es war weder gut noch schlecht! Es war wie das ganze übrige Haus, wie sogar dessen Name, typisch Nizza um die Jahrhundertwende, mit Plüsch und falscher Bronze, überall dunkle Stoffe, Nippsachen aus Perlmutt und Preßglas.

Über dem Kamin prangte das Porträt eines Mannes mit kantigem Gesicht, grauen Haaren und der Rosette der Ehrenlegion im Knopfloch.

»Du kannst kommen ... Bis morgen ist alles sauber ...«

Ein Schlafzimmer im Rokokostil, aber ganz nett, mit viel blaßblauem Satin und inmitten des Ganzen Constance, die es geschafft hatte, sich in einen Morgenrock zu werfen.

»Zahlst du viel hier?« fragte Petit Louis, nachdem er sich umgesehen hatte.

»Sechshundert pro Monat und die Umlagen ...«

»Und das dritte Zimmer?«

»Das müßte man in Ordnung bringen ... Ich habe es als Abstellraum benützt ...«

Es handelte sich ebenfalls um ein Schlafzimmer, das aber wahrscheinlich für ein Dienstmädchen gedacht war, denn es ging auf den Hof hinaus und war mit einer eisernen Bettstelle, einem wackligen Waschtisch und einem Schrank möbliert, der nur einen Spiegel hatte. Überall waren Koffer gestapelt, Nippsachen und Stühle, die man anderswo nicht gebrauchen konnte, Bilderrahmen mit Fotografien und Aquarellen standen herum.

»Man könnte es ja anders einrichten ...«, sagte Constance wollüstig. »Mit ein bißchen Geschmack könnte man ein nettes Jungenzimmer daraus machen ...«

Er sagte weder ja noch nein. Er überlegte, wägte ab, fragte schließlich:

»Gibt es keine Küche?«

»Sie ist ganz klein ...«

Sie zeigte sie ihm: eine Art Wandschrank mit einem Kocher und Töpfen mit schwarzem Boden.

»Wer ist der Kerl im Wohnzimmer?«

»Wer?«

»Stell dich nicht so dumm ... Der mit dem Bürstenhaar und der Rosette ...«

»Das muß ich dir erklären ...«

Er hatte seinen Rock abgelegt und setzte seinen Inspektionsgang in Hemdsärmeln fort.

»Hörst du mir zu?«

»Ja doch.«

»Ich habe dir gesagt, daß ich verheiratet war... Da habe ich nicht gelogen, denn ich war es wirklich, mit knapp siebzehn ...«

Er kümmerte sich nicht im mindesten um das, was sie da erzählte, sondern machte die Schränke auf, um zu sehen, was darinnen war.

»Danach habe ich eine hochgestellte Persönlichkeit kennengelernt, doch dieser Mann war nicht frei, da bin ich seine Geliebte geworden... Damals habe ich in Nizza gelebt, wo ich meine Villa, meinen Wagen, meinen Kammerdiener... Hast du was gesagt?«

»Ich? Nichts ...«

»Er ist gestorben ...«

Sie hätte gewünscht, daß Petit Louis mal einen Augenblick lang stillgestanden wäre, aber er konnte nicht ruhig bleiben und ging von einem Zimmer ins andere.

»Einer seiner Freunde ...«

»Gut. Mach's kurz! Wieviele hast du gehabt?«

»Drei ... Nur sehr anständige, sehr hochgestellte Persönlichkeiten... Der letzte ist im diplomatischen Dienst ...«

»Kommt er oft?«

»Zweimal im Monat... Am ersten und am dritten Freitag ...«

»Schläft er hier?«

»Ja ...«, gestand sie errötend.

»Und der Haushalt?«

»Wie?«

»Ich frage, wer den Haushalt macht.«

Sie schien verwirrt, und er war sicher, daß sie jetzt lügen würde.

»Ich habe meinem Dienstmädchen vor einiger Zeit gekündigt, weil ich gemerkt hatte, daß sie mich bestahl ... Bis jetzt hat mir die Zeit gefehlt, eine andere zu suchen ... Vorerst hilft mir die Concierge morgens ein wenig ...«

Gut! Er hatte verstanden, er konnte sich vorstellen, wie sie morgens in Pantoffeln und Kopftuch die Matratzen aufstellten und bei offenen Fenstern den Staub aufwirbelten.

»Ißt du hier?«

»Nur mittags ... Abends gehe ich weg ... An der Ecke gibt es ein kleines Restaurant, in dem man nur Stammgästen begegnet, vor allem Russen, sehr anständigen Leuten ...«

Unvermittelt ergriff er seinen Rock, den er aufs Bett geworfen hatte, legte ihn über den Arm und murmelte:

»Bis später!«

»Gehst du weg?«

»Bis du mein Zimmer ein wenig in Ordnung gebracht hast.«

»Kommst du zurück?«

Er zuckte mit der Achsel. Natürlich würde er zurückkommen! Er ließ sich bis zum Treppenabsatz begleiten, nahm einen feuchten Kuß auf die Wange entgegen, sah zur Tür der Nachbarin hinüber und ging dann pfeifend die Treppe hinab.

Er las alle Namen, die im unteren Flur standen. Draußen suchte er die nächste Kneipe auf und stellte dort so nebenbei einige Fragen.

Endlich richtete er sich dann an einem Tischchen auf der Terrasse eines hellblaugestrichenen Cafés ein und schrieb sorgfältig mit einer schlechten Feder, die kratzte und das Papier durchlöcherte:

*Meine liebe Lulu,*

*Wundere Dich nicht, daß ich Dir aus Nizza schreibe. Es hat nichts mit dem zu tun, was Du jetzt vielleicht denkst. Sondern ich habe eine sehr wohlhabende Dame kennengelernt, die mir ein Zimmer in ihrer Wohnung angeboten hat.*

*Wie gesagt, eine sehr wohlhabende Dame ... Zuerst hat sie mir verkündet, daß sie Constance d'Orval heiße, aber als ich dann so nebenbei in ihren Papieren kramte, habe ich gesehen, daß sie in Wirklichkeit Constance Ropiquet heißt. Kapiert?*

*Wir werden sehen, was sich da herausholen läßt ... Verknallt ist sie jedenfalls sehr, und ich habe sie im Verdacht, ein bißchen knickerig zu sein ...*

*Hol mir jedenfalls meinen anderen Anzug, meine Hemden und Socken aus meinem Zimmer und schicke mir alles in meinem Koffer an den Bahnhof von Nizza, wo ich ihn dann abhole.*

*Von den Freunden habe ich noch nichts gehört. Wenn Du etwas erfährst, schreib mir sofort postlagernd. Ich ge-*

*he jeden Tag hin. Schick mir auch ein wenig Geld, denn ich weiß nicht, wann ich meinen Anteil bekomme ...*

*Ich hoffe, daß Gène Dich nicht wieder besucht hat. Wenn er kommen sollte, sag ihm, daß es böse mit ihm ausgehen wird.*

*Grüß Madame Adèle von mir.*

*Ich umarme Dich.*

Nachdem er den Brief aufgegeben hatte, ging er zu einem Frisör, ließ sich rasieren und die Haare schneiden. Als er wieder herauskam, verbreitete er einen angenehmen Haarwassergeruch.

Die Zeitungen berichteten über die Geschichte in Le Lavandou und behaupteten, die Diebe hätten rund zweihunderttausend Francs gestohlen. Eines der Autos war auf der Küstenstraße des Esterel bei Trayas wiedergefunden worden. Das andere entdeckte sein Besitzer in Toulon, wo es ganz in der Nähe des Ortes parkte, an dem es gestohlen worden war.

»Der berühmte Kommissar Battisti von der mobilen Brigade hat mehrere Personen verhört und scheint eine ernsthafte Spur zu verfolgen ...«

Die Luft war honigsüß, und die Stadt leuchtete in Bonbonfarben. Petit Louis lächelte bei der Vorstellung, daß Constance jetzt unter Mithilfe der Concierge wahrscheinlich damit beschäftigt war, sein Zimmer zu putzen und herzurichten.

Als ihm aber dann einfiel, daß sie das Taxi hatte sparen wollen und mit welchen Worten sie ihre Nachbarin bedacht hatte, als diese die Tür öffnete, verhärtete sich sein Blick.

»Ich werde sie mir dressieren müssen...«, murmelte er.

Er kannte sich in Nizza aus, denn er war schon mehrmals hier gewesen, dennoch fühlte er sich hier weniger wohl als in Marseille oder Toulon. Er sah mißtrauisch zu den Caféterrassen hinüber, wo eine Menge Leute in weißen Hosen und mit Strohhüten und alte Damen von der Art Constances saßen. Er hätte fast das Kasino an der Mole betreten, erinnerte sich aber noch rechtzeitig, daß er immer noch nur fünfzig Francs in der Tasche hatte.

Als er die Villa Carnot verlassen hatte, war es vier Uhr gewesen, jetzt war es sechs; auf der Promenade des Anglais wimmelte es von Menschen, und ein kleines Wasserflugzeug stieg mit ohrenbetäubendem Dröhnen unablässig auf, um gleich danach wieder zu wassern.

›Ich könnte doch meine Schwester anrufen?‹ überlegte er.

Das war ein Zeichen dafür, daß er sich ein wenig verloren fühlte. Er mußte Constance Zeit lassen, das Zimmer herzurichten. Er mußte sie auch im Glauben lassen, daß er etwas in der Stadt zu erledigen hatte.

So betrat er schließlich eine Telefonkabine und ließ sich mit der ›Bar des Amis‹ in La Seyne verbinden.

Seine Schwester, die drei Jahre älter war als er, hatte den Wirt geheiratet. Ihre Geschäfte gingen gut, denn die Kneipe lag genau gegenüber den Schiffswerften.

»Bist du's, Marguerite? ... Ja, hier ist Louis ... Was sagst du? ... Nein, aus Nizza ... Ich erkläre dir das später... Ist Ferdinand da? ... Sag ihm, daß alles in Ordnung ist... Ja... Battisti wollte es sehr schlau anstellen, aber er hat es nicht geschafft... Hallo? ... Hör zu...

Falls du einen von den anderen siehst... Verstanden, ja? ... Ich möchte nicht reingelegt werden... Das ist alles... Aufwiedersehen, Rite!...«

Es war doch wirklich nichts dabei, diese paar Kilometer, die er da im Bus zurückgelegt hatte, und dennoch fühlte er sich hier verloren. In Toulon gab es fünfzig Kneipen, in die er jetzt hätte gehen können, und dort hätte ihn jeder mit Handschlag begrüßt. In Marseille brauchte er keine fünf Minuten auf der Straße zu gehen, um einen Bekannten zu treffen... Und in allen kleinen Nestern bis Le Lavandou fühlte er sich überall, wo es eine Kneipe und Boulespieler gab, gleich zu Hause...

Schließlich ging er ins Kino. Dann aß er in einem italienischen Restaurant Ravioli und um elf Uhr abends ging er ganz allein auf der Avenue de la Victoire spazieren. Als er den schmalen Laden eines Juweliers entdeckte, der noch für unglückliche Spieler offen hatte, konnte er nicht widerstehen und trat ein.

»Wieviel ist das wert?« fragte er.

Hinter dem Ladentisch stand eine Frau, eine etwa vierzigjährige Jüdin, die ihn von Kopf bis Fuß musterte.

»Wollen Sie es verkaufen?«

»Wenn Sie mir einen guten Preis nennen.«

»Haben Sie einen Ausweis dabei?«

Er setzte wieder sein Lächeln auf, denn er hatte verstanden.

»Keine Angst! Ich habe es nicht gestohlen...«

»Das habe ich nicht gesagt...«

»Selbst wenn Sie es gesagt hätten, wäre das ja keine Beleidigung... Wieviel?«

»Ich kann Ihnen dreihundert Francs geben.«

»Das heißt, daß es tausend Francs wert ist?«

»Damals beim Kauf vielleicht... Wenn man so etwas aber wiederverkaufen will...«

»Geben Sie sie mir!«

»Das darf ich nicht... Lassen Sie mir Ihre Adresse hier, dann überweise ich Ihnen das Geld... Das ist Vorschrift...«

Er zögerte, entschied schließlich:

»Dann nicht!«

Hätte er die dreihundert Francs sofort bekommen, hätte er das Feuerzeug verkauft. Aber da er warten mußte...

Das Merkwürdige war, daß er mindestens jede Viertelstunde einmal an diese kleine Brünette dachte, die ihre Tür einen Spalt breit geöffnet und deren Blick den seinen gekreuzt hatte. Früher oder später mußte es ihm gelingen, sie mehr aus der Nähe zu sehen...

Egal jetzt! Er war genug in der Stadt herumgegangen. Also kehrte er zurück, und als er das zweite Stockwerk erreichte, bemerkte er, daß Constance ihn hinter der halboffenen Tür erwartete.

»Komm schnell herein! Ich dachte schon, du kommst überhaupt nicht mehr«, stammelte sie. »Was hast du denn gemacht?«

Sie trug einen violetten Morgenmantel, der mit kleinen weißen Federn verbrämt war, was ihr irgendwie das Aussehen eines Bischofs verlieh.

»Hast du gegessen?«

»Was denkst du denn!«

»Dabei hatte ich alles für dich vorbereitet...«

Ja, sie hatte alles vorbereitet! Das Zimmer war nur von

Lampen erleuchtet, über die sie seidene Tücher gebreitet hatte. Auf einem kleinen Tisch stand kaltes Hühnchen, Salat, eine halbe Languste und eine Flasche Cassis-Wein.

»Hast du wirklich keinen Hunger mehr?«

Sie lächelte, erhoffte sich noch ein kleines Zeichen der Dankbarkeit oder Zärtlichkeit.

Aber er, der grundlos schlechter Laune war, brummte nur:

»Was treibt der eigentlich genau, dein Kunde?«

»Mein ...?«

»Na, der Alte auf dem Bild!«

»Ich habe dir doch gesagt, daß er im diplomatischen Dienst ist ...«

Er hätte gern etwas Genaueres erfahren, hatte nun aber schon die Tür zu seinem Zimmer aufgemacht, das gründlich geputzt worden war und wo Blumen auf dem Tisch standen.

»Ich bin müde ...«, sagte er gähnend, als er schon halb im Nebenzimmer stand.

»Schon?«

»Übrigens, ich brauche einen Schlüssel ...«

»Ich werde einen machen lassen ...«

»Genau! Gute Nacht ...«

Er wandte sich noch einmal um, zögerte, stellte dann eine Frage, die ihm gerade eingefallen war.

»Wieviel hast du denn für das Feuerzeug bezahlt?«

»Ich weiß nicht... Ich habe es geschenkt bekommen ...«

»Von wem? ... Vom Porträt?«

Warum war sie jetzt ganz verwirrt?

»Das heißt...«

»Hast du es geschenkt bekommen, oder hast du es selber gekauft?«

»Ich habe es gekauft, als ich einmal im Kasino gewonnen habe...«

»Du spielst?«

»Ein wenig, das heißt, fast jeden Abend...«

»Wieviel?«

»Was wieviel?«

»Wieviel hast du bezahlt?«

»Vierzehnhundert Francs... Es kostete fünfzehnhundert, aber ich habe gehandelt...«

Da schnitt er ihr plötzlich das Wort ab:

»Gute Nacht!«

Und ohne sie noch einmal anzusehen, schloß er seine Tür, setzte sich auf die Kante seines Eisenbetts und zog die Schuhe aus.

Er wußte ganz genau, daß sie auf der anderen Seite stand und auf die kleinsten Geräusche horchte, weil sie sich irgendeine freundliche Geste von ihm erhoffte, aber es gab zuviele Dinge, die ihm nicht ganz koscher erschienen, da ging er lieber schlechtgelaunt ins Bett, machte das Licht aus und blieb mit offenen Augen liegen. So sah er in dem Lichtschein, der unter der Tür durchdrang, zwei Schatten von zwei dicken Beinen.

## 3

Auf den ersten Blick war es ganz der alte Petit Louis, der da am Marktplatz von Hyères aus dem Bus stieg, weiße Schirmmütze, fein beschuhte Füße, die den Boden nur zögernd berührten, und diese Nonchalance und herausfordernde Art, die Leute anzusehen wie ein Star die beifallklatschende anonyme Masse.

An einem Tischchen der Brasserie saßen zwei Loddel, die ihm irgendwie bekannt vorkamen, er winkte ihnen im Vorübergehen zu und bog dann in die Rue des Remparts ein.

Es war zwei Uhr nachmittags. Die steinige Straße war abschüssig, und es gab nicht das kleinste bißchen Schatten. Petit Louis, der es haßte, ins Schwitzen zu geraten, blieb alle paar Schritte stehen.

Je weiter er vorankam, desto seltener begegneten ihm Passanten, so konnte er ungeniert eine immer härtere, mißtrauischere, wohl auch leicht besorgte Miene aufsetzen.

Erste Frage, warum hatte Louise eine ganze Woche lang seinen Brief nicht beantwortet? Und dann, warum war die verabredete Anzeige: »Schönes Taubenpaar zu verkaufen. Anfragen an ...« noch immer nicht im *Petit Marseillais* erschienen?

Er hatte Louise schließlich eines Morgens angerufen, und zwar zu einer Uhrzeit, zu der sie da sein mußte, das wußte er, denn da schlief sie noch. Er hatte lange gewartet, und ihre Stimme war dann kaum zu erkennen gewesen.

»Du bist es? ... Warum bist du so unvorsichtig ... Ich schreibe dir ...«

Mehr hatte sie ihm nicht zu sagen gehabt! Und in dem Brief, der schließlich ankam, stand nur:

*Gène ist gekommen und scheint nicht erfreut ... Er läßt Dir ausrichten, Du sollst Dich ruhig verhalten, bis Du Nachricht erhältst ... Du darfst nicht hierher kommen ...*

Die Rue des Remparts war jetzt vollkommen menschenleer. In einer dunklen Werkstatt mit blauen Fensterscheiben war ein Tischler beim Hobeln, und gleich daneben an der Straßenecke stand ein großes Haus mit geschlossenen Fensterläden.

Man war hier eigentlich schon halb draußen aus der Stadt. Es gab von alten Steinmauern eingefaßte kleine Gärten, und zweihundert Meter weiter oben sah man schon aufs freie Feld.

Als er die Ecke erreichte, stand Petit Louis vor drei Frauen, die in Liegestühlen lagen, eine vierte saß auf der Türschwelle. Es war Ruhestunde, die Stunde der Siesta. Die bunten Morgenröcke verbargen weder die nackten Schenkel noch die Professionellenwäsche. Etwas weiter entfernt auf demselben Trottoir spielten Kinder.

Alle vier sahen Petit Louis an, und die eine, jene, die auf der Türschwelle saß, sprang hoch und stieß als erstes aus:

»Hast du denn meinen Brief nicht bekommen?«

Er zuckte die Achseln, ließ die Hände in den Hosentaschen und die Zigarette zwischen den Lippen. Er grüßte die übrigen, die er auch kannte, nicht, sondern befahl nur:

»Geh hinein!«

Er drängte sie vor sich her in den halbdunklen kühlen Raum, in dem ein riesiges elektrisches Klavier thronte und ein sechsjähriges Mädchen, die kleine Tochter der Chefin, mit einer Puppe spielte.

»Setz dich!«

»Was hast du denn?« fragte Louise erstaunt, während sie ihren Morgenrock über dem hellblauen Hemd zusammenzog.

Sie war brunett, mit sehr hellem Teint und einer sehr feinen, glatten, ein wenig flaumigen Haut. Sie setzte sich an einen Tisch, während sich Petit Louis ihr gegenüber niederließ.

»Ich habe dir doch geschrieben, daß du nicht herkommen sollst...«

»Ich weiß!«

Er lächelte nicht, versuchte nicht, charmant zu sein. Im Gegenteil, er sah ihr hart in die Augen und sagte absichtlich nichts, um sie zu verwirren.

Was ihm auch gelang. Sie zwang sich zu einem Lächeln und murmelte:

»Was hast du denn?«

Sie saßen nahe an einem offenen Fenster, dessen Läden geschlossen waren und sowohl die frische Luft als auch das Licht filterten. Das kleine Mädchen unterbrach hin und wieder sein Spiel und sah sie aufmerksam an.

»Was ich habe? Ich erwarte eine Erklärung.«

»Ich habe dir doch geschrieben: Gène ist gekommen ...«

»Na und?«

»Er ist wütend ...«

Wieder war ein Stück ihres blauen Hemdes zu sehen, das sich von ihrer matten Haut abhob, und von den Haaren Louise Mazzones ging ein zarter Zitronengeruch aus.

»Warum denn?«

»Er meint, daß du eine Menge Fehler gemacht hast ... Indem du zuerst einmal an dem Tag, an dem die Sache lief, in Le Lavandou geblieben bist, um groß anzugeben und dich vor Kommissar Battisti aufzuspielen ... Er sagt, daß du nur auf Effekthascherei aus bist ...«

»Und weiter?«

»Weiter, daß du wohl mit jemandem zuviel gequatscht hast ... Gène meint, anders wäre das gar nicht möglich ... Vorgestern ist die Polizei in der Bar ›Express‹ aufgetaucht und hat alles durchsucht ...«

Er zuckte erschreckt zusammen, setzte dann eine blasierte Miene auf.

»Battisti hat zugegeben, daß er eine Anzeige bekommen hat ... Und zwar hat ihm der Direktor des Casinos an der Jetée geraten, einmal im ›Express‹ nachzuforschen ...«

»Haben sie etwas gefunden?«

»Nein! Gène, Charlie und der Lyoner sind aber trotzdem wütend auf dich ... Hast du tatsächlich gequatscht?«

Worauf er nur in hartem Ton sagte:

»Sei so freundlich und mische dich nicht in Dinge ein, die dich nichts angehen!«

Er war mehr gedemütigt als wütend. Er begriff, was passiert war. Eines Abends hatte er, während er *L'Eclaireur* las, einfach so, um sich aufzuspielen, zu Constance gesagt:

»Wenn man sich vorstellt, daß die ganze Kohle in einer kleinen Bar am alten Hafen von Marseille liegt!«

Er konnte sich nicht erinnern, auch den Namen der Bar genannt zu haben, aber er mußte es ja wohl getan haben. Und Constance, die fast jeden Abend im Casino verbrachte, hatte sich dann wohl ihrerseits vor dem Direktor des Spielsaals aufgespielt.

»Man bräuchte nur einmal am alten Hafen in Marseille zu suchen ...«

Und so hatte sich dann eins aus dem anderen ergeben ...

Das kleine Mädchen war bis auf weniger als einen Meter an das Paar herangerückt und sah Petit Louis in die Augen, als gäbe es nichts Staunenswerteres auf der Welt.

»Kannst du denn nicht woanders spielen?«

Und an Louise gewandt:

»Wann geben sie mir denn meinen Anteil?«

»Darum geht es ja! ... Es wird noch eine ganze Weile dauern ... Man will nichts anrühren, solange sich die Polizei nicht mit anderen Dingen beschäftigt ...«

»Sag mal ...«

»Was denn?«

»Bist du sicher, daß sie mir meinen Anteil auch geben?«

»Was soll das heißen? ...«

Die Frauen draußen dösten weiter vor sich hin, und die wenigen Passanten drehten sich mit einem amüsierten Lächeln nach ihnen um. Dann waren schwere Schritte auf der Treppe zu hören. Eine riesige Frau streckte den Kopf zur Tür herein und rief:

»Odette!... Komm sofort her!«

Sie brachte das kleine Mädchen wohl nach oben, kehrte aber dann zurück und wandte sich alles andere als freundlich an Louise, ohne Petit Louis auch nur zu grüßen:

»Habe ich dir nicht genaue Anweisungen erteilt?«

»Ich hatte ihm ja geschrieben, daß er nicht herkommen soll...«

»Was hat das zu bedeuten?« schimpfte Petit Louis und erhob sich. »Habe ich vielleicht nicht mehr das Recht, meine Frau zu besuchen?«

Die Chefin murmelte unglückseligerweise etwas vor sich hin. Petit Louis packte sie wütend an der Schulter.

»Sag das noch einmal! ... Na los, sag das noch einmal!...«

»Na gut! Ich habe gesagt, daß das nicht so sicher ist, daß sie deine Frau ist...«

»Was?«

»Jedenfalls hat Gène sie hierhergebracht, und da ich hier keine Geschichten will... Laß mich los, Kleiner! So kannst du mit einer Frau wie mir nicht umgehen... In ein paar Minuten kreuzen die Kunden wieder auf, und dann will ich dich hier nicht mehr sehen...«

»Was hat sie gesagt?« fragte er gleich darauf und näherte sein Gesicht demjenigen Louises.

»Ich weiß nicht...«

»Du lügst! ... Sie hat über Gène gesprochen... Stimmt's?«

»Ich war Gènes Frau, bevor...«

»Und jetzt?«

Er hatte verstanden. Gène wollte seinen Anspruch auf sie nicht aufgeben. Gène hatte ihn übrigens nie ernst genommen und nannte ihn, um ihn lächerlich zu machen, immer nur den Künstler.

»Zieh dich an!« befahl er. »Nimm deine Sachen ...«

»Aber...«

»Hör zu! Meine Geduld hat Grenzen... Wenn du in fünf Minuten nicht draußen bist, fahre ich zurück, und es gibt ein Unglück... Verstanden?«

Er trat hinaus, ohne sich noch einmal nach den Frauen auf dem Trottoir umzudrehen, und ging etwa hundert Meter weiter, dann blieb er stehen, lehnte sich an eine Hauswand und wartete.

Er zählte lieber nicht die Minuten, das war auch vorsichtiger, denn es verstrich fast eine halbe Stunde, bis eine kleine Tür aufging und Louise in einem braunen Wollkostüm und mit einem Köfferchen aus Kunstfaser in der Hand ängstlich und verstohlen um sich blickend auftauchte.

Sie kam zu ihm und trippelte neben ihm her, wobei sie sich alle zehn Schritte umsah. Sie hängte sich bei ihm ein, und nachdem sie eine Weile schweigend nebeneinander hergegangen waren, sagte sie verstimmt:

»Ich glaube, du machst eine Dummheit...«

Im Bus sprachen sie kein Wort. In Nizza stiegen sie an der Californie aus, und Petit Louis wählte, immer noch schweigend, ein kleines zweigeschossiges Hotel und verlangte ein Zimmer zur Wochenmiete.

Es gab kein fließendes Wasser. Die Bettdecke war aus grober grauer Baumwolle. Die Waschschüssel stand auf einem Dreifuß aus Bambus.

»Ich tue, was ich für richtig halte, verstehst du, und dazu brauche ich auch keine Ratschläge des schlauen Gène ...«

Die Nacht draußen vor dem offenen Fenster war ruhig und feucht. Man hörte Autos vorübergleiten.

»Erstens hat mir nie behagt, daß du im Bordell bist ...«

Vielleicht hatte ihn auch die lange Busfahrt so mißgestimmt. Jedenfalls war er bewegt, fast zärtlich.

»Worauf wartest du noch, um es dir bequem zu machen? ... Freust du dich denn nicht, daß ich dich da herausgeholt habe?«

»Ich weiß nur nicht, wie das weitergehen soll.«

Da fing er an zu reden. Selten in seinem Leben hatte er so lange geredet. Alle Augenblicke lehnte er sich dabei aus dem Fenster, wie um beim Anblick der Lichterketten Mut zu schöpfen.

»Du wirst sehen, ich sitze am längeren Hebel ... Hier! Nimm für den Anfang schon mal dies ...«

Damit zog er einen Ring aus der Tasche, einen dieser nicht gerade wertvollen Ringe aus Familienbesitz mit einem Granatsplitter und stumpf gewordenen winzigen Perlen ringsum.

»Den hat sie mir gestern gegeben ... Sie gibt mir alles, was ich will ... Ich habe bei ihren Unterlagen eine Quittung für einen Nerz gefunden, den sie für den Sommer zur Aufbewahrung gegeben hat ...«

»Wer ist sie denn überhaupt?«

»Erstens einmal heißt sie nicht D'Orval, wie sie behauptet, sondern aus ihren Ausweisen geht hervor, daß sie Ropiquet heißt, verwitwete Ropiquet, geborene Salmon ... Sicher ist nur eines, daß sie nämlich lebt, ohne zu arbeiten und daß sie Briefe an einen Notar nach Orléans schreibt ...«

»Wozu?«

»Keine Ahnung ... Morgen oder übermorgen richtest du es so ein, daß du ins Casino kommst, während wir dort sind, dann stelle ich dich als eine Verwandte vor ...«

Louise ergab sich ohne große Begeisterung in ihr Schicksal. Zum Zeitvertreib räumte sie die paar Wäschestücke und Kleider auf, die sie dabei hatte, und machte das Bett auf ihre Art zurecht.

»Gestern habe ich sie zum ersten Mal verhauen. Ich stand gerade auf dem Gang und erzählte einer Nachbarin etwas, einer Rumänin, die immer die Tür einen Spalt breit aufmacht, wenn sie mich heraufkommen hört, da taucht die Alte auf und will mich anschreien ...«

»Was hat sie gesagt?«

»Wann?«

»Als du sie geschlagen hast ...«

»Sie hat mich um Verzeihung angefleht ... Sie hat mich angefleht, sie nicht zu verlassen ... Sie hat mir geschworen, daß sie sich dann lieber umbringen würde ... Komm, wir gehen noch ein wenig hinaus, es ist ja noch nicht einmal Mitternacht ...«

Sie gingen die Uferpromenade entlang, Louise hängte sich wieder auf vertrauliche Weise bei Petit Louis ein, der aber die Hände in den Hosentaschen behielt und absichtlich große Schritte machte, um den Unterschied deutlich zu zeigen.

Sie sprachen oft lange nichts, gingen an Leuten vorüber, deren Gesichter in der Dunkelheit kaum zu erkennen waren, oder sahen sich ein beleuchtetes Luxushotel an oder eine Luxuslimousine, die gerade vor ihnen hielt. Dann sagte Petit Louis ganz zusammenhangslos:

»Gène und die anderen sind Idioten.«

Er hatte eine Menge auf dem Herzen. Es brach in abgerissenen Sätzen aus ihm heraus.

»Sie werden immer nur das gleiche und auf die gleiche Weise tun, denn sie haben keine Grütze im Kopf... Am ehesten noch der Lyoner, der ein wenig Erfahrung hat, aber er glaubt immer, er ist allein auf der Welt...«

»Besteht denn nicht die Gefahr, daß wir ihr jetzt begegnen?«

»Wem?«

»Deiner Alten...«

»Um diese Uhrzeit ist sie im Casino, um immer mal wieder hundert Sous zu wagen... Ich glaube, daß sie ein wenig knickerig ist...«

Aber er dachte an die anderen, an Gène, an Charlie, an den Lyoner und auch an Titin und all jene, die man die Marseiller nannte, und die ihn im Grunde nie ernst genommen hatten.

»Du wärst besser Tischler geblieben...«, hatten sie oft zu ihm gesagt.

Denn er hatte ja ein Handwerk gelernt, ein richtiges. Als seine Mutter zu Beginn des Krieges vor der deutschen Besatzung aus Lille geflohen war, landete sie, weiß Gott warum, in dem kleinen Dorf Le Farlet zwischen Toulon und Carqueiranne.

Sie hatte zwei kleine Kinder und keinen Mann mehr, so schlug sie sich mit Putzen durch, bis sie der alte Dutto, der den großen Weinberg am Pinienwald besaß, sozusagen in Dienst nahm, als Magd und für alles andere auch, zumindest hieß es so.

Petit Louis war zuerst beim Tischler von Le Farlet in die Lehre gegangen, eines Tages aber dann nach Toulon gezogen und von dort immer weiter hinauf, bis er schließlich in Lyon landete.

Bis zu seinem Militärdienst hatte er also gearbeitet, sogar später noch hatte er sich hier und da einstellen lassen, einmal in Marseille, dann in Saint-Tropez, sechs Monate in Sète und wieder in Toulon.

»Du wärst besser...«, spotteten die Marseiller.

Und auch jetzt noch, da er eine Frau im Bordell hatte und ihnen gelegentlich Hilfestellung leistete, war er für sie einfach der Künstler.

»Wehe ihnen, wenn sie mir meinen Anteil nicht auszahlen...«, drohte er unvermittelt, als sie gerade am Casino vorübergingen.

Dann kam ihm plötzlich ein anderer Gedanke:

»Willst du sie sehen?... Paß auf!... Ich gehe als erster hinein... Ich stelle mich neben sie...«

»Ich bin nicht richtig angezogen...«

»Das spielt keine Rolle... Hast du Geld für deine Spielkarte?«

Er passierte die Kontrolle als Stammgast, ließ seinen Blick über die Spieltische schweifen und entdeckte Constance Ropiquet von weitem, die, wie es ihrer Gewohnheit entsprach, in der ersten Reihe an einem Roulettetisch neben dem Croupier saß.

Sie wartete immer so lange, bis ein Sitzplatz frei war, immer links vom Croupier, und erst dann holte sie einen kleinen silbernen Bleistift, einen Hundertfrancschein und Roulettekarten, in die sie alle Treffer eintrug, aus ihrer Handtasche.

Louise ließ nicht lange auf sich warten, und Petit Louis lächelte ihr kaum merklich zu, dann ging er auf Constance zu, die zusammenzuckte, als sie ihn hinter sich fühlte.

»Psst!« ... brachte sie hervor, legte einen Finger auf die Lippen und zeigte auf einen ansehnlichen Haufen Jetons, der vor ihr lag. »Warte an der Bar auf mich ...«

Dann schob sie ihm mit einer mütterlichen Geste eine Handvoll Jetons in die Hand, wandte sich an den Croupier und fragte:

»Kann ich noch?«

»Beeilen Sie sich ... *Rien ne va plus* ... Die 7 ...«

Und Constance suchte mit den Blicken Petit Louis, deutete auf die sieben und dann auf ihre Jetons, während ihre Augen vor Freude und Stolz feucht wurden.

»Gewinnt sie oft?«

Sie hatten sich an die Bar gesetzt, und Louise, die gegen Mitternacht immer Hunger bekam, weil sie nur sehr unregelmäßig zu Abend aß, hatte ein Sandwich bestellt. Von ihren Barhockern aus konnten sie den ganzen Spielsaal überblicken, in dem nur wenige Abendtoiletten zu sehen waren; statt dessen gab es ziemlich viele ältere Frauen wie Constance Ropiquet.

»*Faites vos jeux ... Rien ne va plus ...*«

»Gewinnt sie oft?« fragte Louise noch einmal.

»Manchmal ... Aber da sie immer nur hundert Sous setzt ...«

»Und du weißt nicht, woher sie ihr Geld hat?«

»Ich weiß nur, daß sie einen Alten hat, der sie zweimal im Monat besucht ... Sie behauptet, daß er eine hohe Persönlichkeit sei, ein Diplomat ... Ich habe ihn noch nicht gesehen ...«

»Meinst du nicht, daß sie eifersüchtig wird, wenn sie mich sieht?«

»Ich werde ihr sagen, daß du meine Schwester bist ...«

»Du hast eine schicke Krawattennadel!« bemerkte Louise.

Und Petit Louis fühlte sich jetzt hier so neben ihr richtig entspannt, wenn er sich sagte, daß er Gène eines ausgewischt hatte.

»Ich möchte sie nicht vor den Kopf stoßen, verstehst du? ... Zuerst einmal will ich mich in ihren Sachen besser auskennen ... Da sie faul ist, hat sie mich schon zweimal gebeten, ein paar Briefe für sie zu schreiben, aber das waren keine wichtigen Briefe ...«

»Achtung ...« stammelte Louise, wobei sie den Mund hinter ihrem Sandwich verbarg.

Constance näherte sich zaghaft und verunsichert, und Petit Louis wandte sich ihr zu, als bemerkte er ihre Erregung nicht, und sagte:

»Meine Schwester Louise ... Meine Freundin, Madame Constance.«

»Sehr erfreut, Madame ...«

»Meine Schwester ist heute abend in Nizza angekommen und wird einige Tage hier bleiben ...«

»Sind Sie im Hotel abgestiegen?« fragte Constance Ropiquet, ganz Dame von Welt.

»Nein!« mischte sich Petit Louis ein. »Sie wohnt bei Freunden ... Meine Schwester hat viele Freunde hier im Süden. Ihr Mann stammte aus Nizza ...«

»Sind Sie verheiratet?«

Petit Louis' Augen lachten schon wieder, und um der Szene ein Ende zu machen, schlug er vor:

»Sollten wir nicht was essen gehen?«

Dabei sah er seiner Gefährtin aber doch auf die Hände, sie verstand und beichtete kläglich:

»Ich habe alles wieder verloren ... Die sieben kam dreimal, da wollte ich dranbleiben ...«

Der Direktor des Casinos beobachtete sie aus der Ferne mit professioneller Gleichgültigkeit. Auf einer Bank in einer Ecke wartete ein Polizeiinspektor geduldig auf das Ende seines Dienstes.

Louise Mazzone versuchte, möglichst liebenswürdig zu sein, ab und zu aber blitzte in ihren Augen Angst auf, denn sie dachte, daß man Gène bestimmt in der Bar ›Express‹ angerufen hatte, und sie überlegte, was er nun wohl machen würde. Sie rechnete nach, wie lange man mit dem Zug von Marseille bis hierher brauchte.

»Diese Frau ist da ...«, murmelte Constance Petit Louis ganz leise zu.

»Welche Frau?«

»Unsere Nachbarin ... Wenn sie so weitermacht, schlage ich Krach ... Man darf doch einem Mann nicht auf diese Weise nachlaufen ... Vor allem, da sie ja noch viel zu jung ist ...«

Es ging um Niuta, die tatsächlich hier war, sich aber in Gesellschaft eines jungen Mannes befand und sich um Petit Louis gar nicht zu kümmern schien.

Die Vorhalle war verödet, die Bühne menschenleer, die Schaufensterbeleuchtung erloschen. Vor dem Casino standen Taxis, das Meer atmete ruhig, nur hin und wieder war der Schrei einer Möwe zu hören.

»Wohin gehen wir?« fragte Constance Ropiquet.

»Zur Californie ...«, schlug Petit Louis vor, der noch nicht müde war.

Sie zwängten sich in ein Taxi. Petit Louis berührte mit den Knien Louises Knie, und Constance hielt seine Hand. In drei kleinen Nachtbars, ziemlich miesen Kneipen, tranken die Damen Champagner und Petit Louis grüne Minze, während Constance lange Gespräche mit ihrer Begleiterin führte.

»Wohnen Sie in Paris?«

»Einen Teil des Jahres über ...«

»Damals, als mein Mann noch lebte, auch ich ...«

Um vier Uhr morgens standen sie alle drei auf der Place Masséna, und Constance wiederholte gerade:

»Aber ich sage Ihnen doch, daß es mich nicht stört! Nicht wahr, Louis? ... Ich habe ihr gesagt, daß sie jetzt eure Freunde nicht zu wecken braucht ... Ich leihe ihr ein Nachthemd, da kann sie bei mir schlafen ...«

Sie schafften es beide, nicht herauszuplatzen.

Constance erwies ihr jede Aufmerksamkeit. Sie bestand darauf, noch eine Tasse Kaffee zu machen, in die sie alten Likör träufelte.

»Versteck dich einen Augenblick, solange deine Schwester sich auszieht ...«

Sie schwatzten noch lange im Nachthemd in dem Schlafzimmer mit den verblichenen Tapeten und den weichen Kissen, während die letzten Taxis leer durch die Stadt fuhren.

## 4

Das Glück war fast vollkommen, zumindest hatte Petit Louis es sich so vorgestellt, als er von den Werkstätten aus, in denen er arbeitete, Marseiller mit sauberen Händen und feinen Schuhen den ganzen Tag über an Cafétischen sitzen sah.

Jetzt hatte auch er saubere Hände, ohne sie zuerst mit dem Bimsstein abreiben zu müssen. Am Vortag hatte er sich sogar zum ersten Mal in seinem Leben beim größten Frisör am Cours Albert-Ier Maniküre machen lassen.

Unter seinen dichten Wimpern hindurch, die er nur halb hob, sah er nun auf seine viereckigen Finger, seine Fingernägel, die man ihm rosa lackiert hatte und horchte gleichzeitig auf die Geräusche im Haus.

Er blieb nicht nur aus Faulheit bis mittags im Bett, sondern aus Prinzip, um sich für die Zeit zu rächen, da er noch vor Tagesanbruch von einem schrillenden Wecker aus dem Schlaf geholt wurde und aufstehen mußte.

Die Zeitungen lagen in Reichweite. Constance hatte ihm seinen schwarzen Kaffee gebracht und ihm die erste Zigarette angezündet, dann hatte sie die Läden einen Spalt breit geöffnet, gerade nur so weit, daß ein schräger Sonnenstrahl, der nicht breiter war als jene, die man immer auf den Verkündigungsgemälden sah, ins Zimmer dringen konnte und das Bett erreichte.

Auch Louise war da, sie war im Morgenrock damit

beschäftigt, im Wohnzimmer abzustauben. Zu komisch! Komisch vor allem deshalb, weil Constance es selber herbeigeführt hatte, denn sie hatte ja erklärt:

»Warum sollen Sie denn bei fremden Leuten schlafen, wenn es bei Ihrem Bruder Platz gibt?«

In der ersten Nacht hatten sie gemeinsam in einem Bett geschlafen, und Louise Mazzone hatte Petit Louis am nächsten Morgen zugeraunt:

»Wie fade sie riecht! Wie kannst du das nur aushalten?«

Dann hatten sie für Louise in einer Ecke des Wohnzimmers eine Couch aufgestellt, und jetzt gehörte sie zur Familie, und zwar so eng, daß man schon gar nicht mehr wußte, seit wann sie hier war und keiner von ihrer Abreise sprach.

Sie war allerdings sehr geduldig und, wie Constance sagte, auch sehr sanft. Sie konnte sich stundenlang die Geschichten anhören, die ihr die Alte zuflüsterte, während sie beide am Fenster saßen und häkelten oder strickten. Sie stimmte immer zu und sagte ernst:

»Das ist wohl wahr!«

Oder auch:

»Wie gut ich Sie verstehe!«

Morgens putzten sie beide in Negligé und Kopftuch die Wohnung, und danach machte abwechselnd einmal die eine und einmal die andere Einkäufe in der Rue de France.

Wenn Louise an der Reihe war, lief Constance aufgeplustert vor Glückseligkeit zu Petit Louis und verkündete schon an der Tür neckisch:

»Deine Schwester ist weg!«

Die anderen Male kam Louise, sie war ruhiger und gab sich meistens damit zufrieden, sich an seinen Bettrand zu setzen, um sich freundlich mit ihm zu unterhalten.

Petit Louis war auch noch von anderen Geräuschen umgeben, da waren die von der Straße, die morgens eine scharfe Frische haben, und die aus dem Haus, einschließlich jener Laute, auf die er mit wachsender Ungeduld horchte: auf Niutas Stimme im Nebenraum, Wand an Wand mit ihm.

Sie studierte Gesang, das wußte er von der Concierge. Und sie war eigentlich auch keine Rumänin. Es war komplizierter. Ihre Mutter war eine große Schauspielerin, die jetzt in Amerika lebte, und ihr Vater war wohl Russe.

Sie war erst sechzehneinhalb Jahre alt, und um sie loszuwerden, hatte man sie ganz allein nach Nizza geschickt, und eine Bank überwies ihr ihre Monatsraten.

Petit Louis war überzeugt, daß sie sich sterblich in ihn verliebt hatte. Sie lauerte ihm bestimmt stundenlang auf, denn jedesmal, wenn er wegging, machte sie ihre Tür auf.

Als er aber einmal versucht hatte, mit schiefsitzender Mütze und selbstbewußter Miene bei ihr einzudringen, war sie bis in die hinterste Ecke der Wohnung geflohen und hatte den Schlüssel zweimal umgedreht.

Nun ja! Seither dachte Petit Louis oft an sie und hörte ihr morgens vom Bett aus beim Singen zu, worüber er seine Zeitung ganz vergaß.

Er war glücklich, ganz gewiß. Natürlich wäre er noch glücklicher gewesen, wenn er hätte neben Niuta liegen können, wenn sie sich ängstlich in seine Arme geschmiegt und ihre Lippen auf die seinen gedrückt hätte, bis ihr der Atem ausging ...

Aber er zweifelte nicht daran, daß dies eines Tages eintreten würde. Er hatte sie verängstigt, weil er zu schnell an die Sache herangehen wollte, ohne zu bedenken, daß sie noch ein kleines Mädchen war. Von nun an lächelte er sie auf seine besondere Art an, die er beherrschte: fröhlich, kindlich, entwaffnend.

Er war glücklich ... Und genau jene unbestimmte, fast physische Angst, die er fühlte, war ein Beweis dafür ... Ganz logisch! Wenn man glücklich ist, wird man zwangsläufig immer von Ängsten überfallen, alles zu verlieren, was man hat ...

Er hatte weder Gène noch die anderen wiedergesehen. Er hatte keine direkte Nachricht von ihnen erhalten, aber Louise hatte einen Brief aus Hyères bekommen, in dem es hieß, daß die Chefin ihretwegen nach Marseille gereist sei, was auf eine Menge schließen ließ.

Eine Etage höher tippte jemand auf der Schreibmaschine. Das ging jeden Morgen ab neun Uhr so. Die nicht mehr ganz junge Witwe eines Beamten schrieb in Heimarbeit Texte ab.

Denn Petit Louis hatte sich über das ganze Haus informiert, einerseits aus Neugier, und dann auch, weil man nie weiß, wozu es dienen kann.

Es war wohl gegen elf Uhr. Es klingelte an der Wohnungstür, was ungewöhnlich war, denn wer regelmäßig kam, wie der Gasableser oder die Lieferanten, wußte, daß die Tür nicht abgeschlossen war, sie traten ein und riefen:

»M'ame Constance!«

Petit Louis horchte regungslos mit der Zigarette im Mund, den Kopf ins Kissen gedrückt und hörte eine Männerstimme, aber es verging eine ganze Weile, bis er erfuhr, wer da war. Schließlich kam Louise ziemlich ungehalten herein. Sie machte ihm Zeichen, keinen Laut von sich zu geben und flüsterte:

»Ein Polizeiinspektor...«

»Wer?«

»Ich kenne ihn nicht. Er hat mich hinausgeschickt...«

Da erhob er sich und horchte barfuß und bequem in seinem gestreiften seidenen Schlafanzug neben Louise an der Tür.

»Nehmen Sie Platz...«, sagte Constance jenseits der Tür. »Entschuldigen Sie die Unordnung und meine Aufmachung, aber um diese Tageszeit mache ich meinen Haushalt...«

Es war auch die Tageszeit, zu der ihre Augen verquollen und ihr Gesicht käsebleich waren.

»Können Sie mir sagen, ob Ihnen dies hier gehört?« fragte der Polizist und streckte ihr etwas hin, das Petit Louis nicht sehen konnte.

»Das gehört mir, jawohl... Ich habe es von meiner armen Mutter... Wie ist das in Ihre Hände gelangt? ... Hat es jemand auf der Straße gefunden? ...«

»Leider nicht. Dieses Goldkreuz ist vorgestern in einem Juweliergeschäft an der Avenue de la Victoire verkauft worden... Der Dieb...«

Constance stieß einen kleinen Schrei aus, während Petit Louis die zusammengezogenen Augenbrauen Louises ganz nahe vor sich sah.

»Warum sprechen Sie von einem Dieb?« fragte Constance tief entsetzt.

»Weil ich annehme, daß Ihnen dieses Schmuckstück gestohlen worden ist.«

»Und wenn ich es jemandem geschenkt hätte?«

»Wem denn?«

»Wenn ich meinen Sekretär Louis Bert beauftragt hätte, es für mich zu verkaufen?«

»Haben Sie ihn auch beauftragt, diesen Ring zu verkaufen?«

»Ja sicher... Ich wollte diesen alten Schmuck nicht mehr haben... Da habe ich ihn gebeten, ihn mir vom Hals zu schaffen.«

Petit Louis schloß ein Auge, und die dichten Brauen Louises begannen sich zu glätten.

»In dem Fall habe ich nichts mehr zu sagen... Wenn Sie es denn so wollen!«

»Aber...«

»Ich bin allerdings gehalten, Sie über gewisse Dinge zu informieren... Wissen Sie, daß dieser Petit Louis, den Sie Ihren Sekretär nennen, schon zweimal im Gefängnis war?«

»Ja, er hat es mir gesagt...«

»Wissen Sie, daß er sehr wahrscheinlich früher oder später wegen des Überfalls auf das Postamt in Le Lavandou belangt wird?«

»Na und? Können Sie ihm denn etwas nachweisen?«

Anständig, diese Constance! Petit Louis mußte unwillkürlich lächeln und hätte am liebsten die Tür aufgerissen, um diesen Idioten von einem Inspektor ironisch zu grüßen.

»Das ist Ihre Sache! ... Sie haben ihn bei sich aufgenommen und müssen selber entscheiden, obwohl ich Ihnen zur Vorsicht rate ... Nun ja! ... Meine Pflicht ist nur, Sie zu warnen, damit Sie sich dann nur selber die Schuld zuschreiben können, wenn Ihnen etwas passiert ...«

Diesmal zuckte Petit Louis mit den Achseln und machte dann jungenhafte Boxbewegungen gegen den unverschämten Kerl.

»Was soll mir denn passieren?«

»Sie sind nicht mehr die Jüngste ... Ich könnte mir vorstellen, daß das, was Sie besitzen, einen mittellosen Mann verlocken würde ...«

»Aber ich bitte Sie!« erwiderte sie entrüstet.

»Schon gut! Werden Sie nicht ärgerlich! Eine letzte Frage: hat Ihnen Petit Louis gesagt, um wen es sich bei der Person handelt, die zur Zeit unter Ihrem Dach schläft und die ich beim Hereinkommen gesehen habe?«

»Sie ist seine Schwester ...«

Nun verging ihnen das Lachen. Petit Louis hielt den Atem an und horchte ängstlich, während Louise seufzte:

»Ich habe es ja gesagt!«

Der Inspektor wiederum fuhr zufrieden, endlich Oberhand zu gewinnen, fort:

»Ich bedauere, Ihnen widersprechen zu müssen, aber es ist meine Pflicht, Sie darüber zu informieren, daß die fragliche Person eine gewisse Louise Mazzone ist, geboren 1912 in Avignon und seit 1932 in ihrer Eigenschaft als Dirne unter Polizeiaufsicht. Als sie vor zehn Tagen bei Ihnen landete, kam sie geradewegs aus einem Bordell in Hyères, wo Petit Louis, der von ihrer finanziellen Unterstützung lebte, sie untergebracht hatte ... Das ist alles! ... Sollten Sie in Schwierigkeiten geraten oder weitere Informationen wünschen, stehen wir zu Ihrer Verfügung ... Sie brauchen nur bei der Sicherheitspolizei nach mir zu fragen ...«

Schweigen. Das Schweigen wirkte um so eindrucksvoller, als man ja nicht erraten konnte, was im Nebenzimmer geschah. Dann hörte man plötzlich eine Tür auf und wieder zugehen und danach Schritte auf der Treppe.

Petit Louis und Louise sahen sich kleinmütig an, und Petit Louis kratzte sich dann angeberisch im Nacken und zog eine Grimasse.

»Was sollen wir jetzt tun?« flüsterte sie.

Vor allem einmal ging er lautlos und kämmte sich über. Dann steckte er eine Zigarette an und horchte noch einmal, er hatte den Eindruck, in Abständen Schluchzen zu hören, seufzte, drehte den Türknauf und betrat das Zimmer.

Im ersten Augenblick sah er Constance gar nicht, denn sie war so tief in dem noch ungemachten Bett vergraben, daß man weder ihren Körper, noch ihren Kopf, sondern nur ihren mit Federn verbrämten Morgenrock sah.

Sie war buchstäblich in Tränen aufgelöst. Sie lag bäuchlings auf dem Federbett und hatte das Gesicht in die weichen Laken und Decken vergraben, ihr ganzer Körper bewegte sich sanft in einem langsamen Rhythmus und wurde hin und wieder ruckartig geschüttelt.

»Huuuuuu ... Huuuuuu ...«, heulte sie mit einer

merkwürdigen Stimme, die so gar nicht zu einer dicken fünfzigjährigen Frau paßte.

Petit Louis umkreiste lautlos das Bett, so wie Leute, die es nicht gewöhnt sind, Kranke umkreisen, weil sie nicht wissen, was sie mit ihnen anfangen sollen.

»Huuuuu ... Huuuuu ...«

Ob sie wußte, daß er da war? Ob sie ihn hatte hereinkommen hören? Sie weinte mit trostloser Gleichmäßigkeit weiter, und wie zufällig war das wenige, das man von ihr sah, gerade das Häßlichste an ihr: die bleichen, fahlen, von blauen Krampfadern durchzogenen Beine ...

»Huuuuu ...«

Die beiden Fenster standen weit offen, und man konnte die Fenster des gegenüberliegenden Hauses sehen, an einem rauchte ein gebrechlicher alter Mann Pfeife und starrte so unbeweglich herüber, daß er wie eine Wachsfigur wirkte.

»Huuuuu ...«

Petit Louis machte den Mund auf, schloß ihn wieder. Der Luftzug, der von der Straße herein kam, stieß seinen Zigarettenrauch in Richtung des Bettes, und Constance roch ihn gewiß. Plötzlich sagte sie statt »Huuuuu ...« mit derselben Stimme und wie eine Klage:

»Du Böser!«

Und dann brach sie, gerührt von ihren eigenen Worten, erst recht zusammen.

Da setzte sich Petit Louis auf den Bettrand. Daß sie ihn nicht ansah, erleichterte seine Aufgabe, denn so brauchte er nicht auf seinen Gesichtsausdruck zu achten. Sanft legte er Constance eine Hand auf die Schulter. Dann hüstelte er und sagte beflissen:

»Ich habe alles gehört... Ich stand hinter der Tür... Ich habe immer gewußt, daß es einmal passieren mußte...«

Schweigen. Constance weinte immer noch, aber lautlos, um alles zu hören, was er sagte.

»Zunächst habe ich zweimal im Gefängnis gesessen, aber für nichts Unehrenhaftes... Jeder prügelt sich mal und gibt bei einer Rauferei einem Polizisten, der ihn mit seiner Pelerine bedroht, einen Tritt ans Schienbein...«

Er wußte genau, daß es nicht das war, was sie hören wollte, aber er fing damit an, um sich einzustimmen.

»Die Sache in Le Lavandou ist etwas anderes... Aber schließlich ist dabei nur die Regierung beraubt worden und keinem Mensch Unrecht geschehen... Sollen sie eben das Geld der Steuerzahler besser bewachen!...«

Sie rührte sich ein wenig, wartete wohl ungeduldig, daß er zur Sache käme.

»Und was jetzt Louise angeht... Diejenigen, die so über diese Frauen reden, sollten sich lieber einmal fragen, wo sie herkommen und warum sie so geworden sind... Louises Mutter, die sieben Kinder hatte, war in Avignon stadtbekannt, wo sie es für ein paar Sous mit jedem machte...«

Er ließ sich einen Augenblick ablenken, weil Niutas Stimme erklang, die, wie fast jeden Tag, Chopins Berceuse sang, was vielleicht ihm galt und ihn immer anrührte wie eine Romanze.

»Als ich Louise kennenlernte, war sie schon in einem Bordell in Marseille... Ich habe versucht, sie da herauszuholen, aber sie war von einem gewissen Gène abhängig, und alles, was ich tun konnte...«

Er bemerkte plötzlich, daß ihn ein Auge, ein einziges Auge beobachtete und daß dieses Auge schon trocken war.

»Ich habe alles getan, um sie in Hyères unterzubringen, und als ich dann dank deiner Hilfe ein wenig Geld hatte, habe ich sie hergeholt...«

Das Auge machte alles so schwierig. Petit Louis war gezwungen, Gesichtsausdruck und Worte in Einklang zu bringen, und der Alte im dritten Stock auf der anderen Straßenseite sah ihnen mit seinem hölzernen Gesicht immer noch zu.

»Als ich sie für meine Schwester ausgab, habe ich nicht einmal gelogen, denn Louise und ich lieben uns wirklich mehr wie Bruder und Schwester...«

Da fing Constance zu sprechen an, oder vielmehr, eine klagende Stimme erhob sich aus den Fleisch- und Wäschebergen.

»Habt ihr nichts zusammen gehabt?«

»So kann ich es auch wieder nicht sagen... Anfangs, ja, das ist jetzt drei Jahre her, als ich in das Marseiller Bordell, wo sie war, als Kunde ging... Dann hat es aber nach und nach fast aufgehört...«

»Fast?«

»Wir kennen uns zu gut, um...«

Nun klang ihre Stimme schon klarer und nachdrücklicher:

»Und hier bei mir habt ihr nichts gemacht, nie?«

»Nie!«

»Wenn ich morgens beim Einkaufen war?«

Nun kam Bewegung in sie. Ihr Kopf erhob sich aus der formlosen Masse, der Körper nahm deutlichere Umrisse an, sie saß aufgedunsen, mit zerzausten Haaren und mit einer tränennassen Wange aufrecht im Bett.

»Das hast du mir angetan?«

»Nein! Ich schwöre dir, daß Louise und ich, seit wir hier sind, nie miteinander geschlafen haben ...«

»Und ihr habt euch nicht einmal auf den Mund geküßt?«

Sie sagte das mit einer so tragischen Stimme, daß Petit Louis Mühe hatte, ernst zu bleiben.

»Nicht auf den Mund, nein!«

»Und ihr habt euch nicht gestreichelt?«

»Nein, so glaube mir doch, Dummerchen!«

Sei's drum. Das mußte nun noch getan werden! Er beugte sich über sie, nahm sie in die Arme, drückte seine Wange an die nasse Wange, und jetzt, da sie ihn nicht mehr sah, redete er, redete mit seiner tiefen, ein wenig brüchigen Stimme, von der er wußte, wie ergreifend sie wirkte.

»Ich behaupte ja nicht, daß ich ein Heiliger bin, aber so etwas hätte ich nie getan! ... Und ich bin auch lieber der, der ich bin, als das Handwerk dieses Herrn ausüben zu müssen, der vorhin hier war ... Man kann die anderen leicht verurteilen, wenn man immer alles gehabt hat, was man wollte ... Als ich klein war, haben mich alle immer nur den Flüchtling genannt ... Wirf deine alte Hose nicht weg ..., hieß es. Bewahre sie auf für den kleinen Flüchtling ... Und ich trug die alten Kleider aller Jungen von Le Farlet auf.

Und meine Mutter mußte bei dem alten Dutto alle Schwerarbeit leisten, bis sie am Schluß schon gar nicht mehr wie eine Frau aussah ...«

»Hör auf«, murmelte Constance.

Aber er wollte nicht schweigen. Er spürte, daß er es richtig angefangen hatte. Außerdem lag auch etwas Aufrichtiges in seiner Klage. Die Chopin-Musik im Nebenzimmer, Niutas Stimme wühlten ihn auf. Er hätte jetzt so an sie geschmiegt sein mögen und sich beklagen, ihr erklären, daß sie zwei ganz arme kleine Leutchen waren, sie und er, und dann ihr Schicksal beweinen und sich unter Tränen küssen.

»... Und Dutto«, fuhr er fort, »genierte sich auch nicht, meine Mutter in sein Zimmer zu rufen, wenn ihn die Lust überkam, und mir dann die Tür vor der Nase zuzumachen... Er war häßlich... Das ist er immer noch. Ein Italiener, der schon vierzig Jahre in Frankreich lebt und noch immer nicht französisch gelernt hat... Er redet mit keinem... Er haßt alle, verdächtigt alle, auf sein Geld aus zu sein... Einmal habe ich ihn dabei überrascht, wie er meiner Schwester, die erst vierzehn war, Schweinereien beibringen wollte... Ich habe es meiner Mutter erzählt... Und meine Mutter ist dann dafür geschlagen worden... Ist das vielleicht eine Kindheit?...«

»Psst!... Denk jetzt nicht mehr daran...«

»War das vielleicht ein Leben, mich als Tischler kaputtzumachen, während eine Menge Leute, die kein Haar besser sind, den ganzen Tag einfach nichts tun?... Das ist doch die Wahrheit... Ich wollte auch nicht blöder sein als die anderen...«

Nun wich sie ein wenig zurück, um ihn anzusehen. Dann warf sie sich ihm in einer Aufwallung von Zärtlichkeit entgegen und wiederholte:

»Du Böser!«

»Hören Sie mal, Louise ...«

»Ja, Madame ...«

Denn Louise hatte es nie geschafft, Constance mit dem Vornamen anzureden, wie diese es ihr immer wieder angeboten hatte.

»Ich weiß alles ...«

»Ja, Madame.«

Und Louise, die weniger geschickt war als Petit Louis, senkte den Kopf ein wenig zu kläglich wie ein Dienstmädchen, dem man seine Entlassung mitteilt.

»Ich kenne Ihr Leben und das von Petit Louis. Ich weiß, daß ihr ein Liebespaar gewesen seid, euch jetzt aber nur noch wie Bruder und Schwester liebt ...«

Ein wenig schwebte noch der Geruch der Liebesumarmung um sie, die gerade stattgefunden hatte, und das Bett war noch feucht und hatte eine tiefe Mulde. Constance hatte neu Puder und Rouge aufgelegt. Vielleicht war es ihr gar nicht unangenehm, daß man ihr die Mattigkeit anmerkte, deren Grund man erraten konnte.

»Ich möchte nicht, daß diese scheußlichen Leute von der Polizei am Schluß triumphieren. Sie wollten euch allen beiden schaden ...«

War sie nicht im Innersten ganz froh, sie von nun an etwas mehr von oben herab behandeln und sich den Anschein einer Wohltäterin geben zu können? Sie hatte Petit Louis weggeschickt, er lungerte jetzt vor der Nachbarwohnung herum und spürte mehr denn je das quälende Verlangen, Niuta in die Arme zu schließen.

»Es wird sich nichts ändern zwischen uns ... Nein! Protestieren Sie nicht ... Ich habe meine Entscheidung getroffen ... Wenn Sie gingen, wäre das doch wie ein

Geständnis, daß ihr euch hinter meinem Rücken über mich lustig gemacht habt... Im Gegenteil, ich bin sicher, daß ihr es nicht wagt, mein Vertrauen zu mißbrauchen... Nur heute gebe ich euch beiden die Erlaubnis, im Hotel zu übernachten, weil mein Freund, der Diplomat, zu Besuch kommt... Oder vielmehr... Sie können auch allein gehen... Petit Louis bleibt in seinem Zimmer...«

In dem Zimmer über ihnen klapperte die Schreibmaschine. Der Alte gegenüber hatte jetzt bestimmt eine erloschene Pfeife zwischen den Zähnen, denn er hatte sich nicht von der Stelle gerührt, ein Kanarienvogel links von ihm hüpfte hin und wieder in seinem Käfig herum.

»Helfen Sie mir jetzt, ein wenig Ordnung zu machen... Zum Mittagessen gehen wir ins Restaurant. Mein Freund kommt erst um drei Uhr, da haben wir genug Zeit, am Meer zu essen, in Juan-les-Pins... Wir nehmen ein Taxi...«

»Kann ich wieder hereinkommen?« fragte Petit Louis, der seine Nachbarin nicht gesehen hatte.

»Komm, du Lümmel!... Zieh dich schnell an... Zieh deinen schönen Anzug an, wir fahren mit dem Auto zum Essen nach Juan-les-Pins...«

Petit Louis und Louise sahen sich an. Petit Louis wollte in sein Zimmer gehen.

»Das brauchst du nicht...«, sagte Constance. »Nachdem ich jetzt weiß, daß sie nicht deine Schwester ist, kann sie sich ja auch vor dir anziehen... Nicht wahr, Louise?«

»Ja, Madame...«

»Also dann... Zieh deinen Morgenrock aus...«

Petit Louis wandte den Kopf ab und unterdrückte ein Lächeln, er fragte sich, ob Constance vielleicht ein wenig lasterhaft war.

Eine Stunde später betraten sie alle drei von Kopf bis Fuß frischgemacht im Sonntagsstaat die sonnige Straße, so daß ein Taxichauffeur ganz von alleine stehenblieb, weil er ein gutes Geschäft witterte.

»Nach Juan-les-Pins ... Nicht zu schnell ... Können Sie nicht das Verdeck aufmachen?«

Constance hatte sich trotz allem zwischen die beiden gesetzt, ihre drei verschiedenen Parfüms vermischten sich und verflüchtigten sich allmählich in der Luft.

Petit Louis trug zum erstenmal einen Strohhut, den er am Vortag gekauft hatte und der die ganze Sonne für sich allein zu beanspruchen schien.

## 5

Es war Mitte August, genau der erste Freitag nach Mariä Himmelfahrt, als Petit Louis sozusagen den Höhepunkt seiner Karriere erreichte.

Trotz der Hitze strömten von überall Leute nach Nizza. Diese Menschenmenge glich mehr als die andere, die im Winter oder im Frühjahr kam, einem Jahrmarktspublikum. Auf der Promenade des Anglais kam man sich vor wie auf einer Weltausstellung, zu diesem Eindruck trugen vor allem auch die Lufttaufen zum herabgesetzten Preis bei.

Petit-Louis besaß eine ganz neue Garderobe, die farblich wie im Schnitt genau zur Jahreszeit paßte. Er war jetzt, was er sich immer erträumt hatte, zu jeder Tageszeit von Kopf bis Fuß so sauber wie ein Arbeiter sonntags, wenn er gerade frisch vom Frisör kommt und nur noch seinen Kragen anlegen muß, um ausgehbereit zu sein.

Constance schien glücklich. Von Zeit zu Zeit litt sie gewiß unter Eifersucht, doch nicht wegen Louise, die weiterhin, wenn auch mit Unterbrechungen, bei ihr wohnte. Ganz im Gegenteil! Vielleicht hatte Petit Louis in Constance Ropiquet unbewußt und wie als Herausforderung ein neues Laster geweckt.

Als sie eines Morgens zärtlich wurde und Louise sich zurückziehen wollte, um das Paar allein im Schlafzimmer zu lassen, hatte Petit Louis einfach so gesagt:

»Warum sollte Louise uns stören . . .«

Und seither . . .

»Wirklich nett von dir, daß du mir auch das noch beschert hast!« seufzte Louise.

Es war ihm nur ein Achselzucken wert. Er hatte es ja nicht absichtlich getan. Ebensowenig wie das, was nun mit Monsieur Parpin geschah!

In Gelddingen war Constance recht großzügig, doch gab sie ihm nie eine größere Summe auf einmal, sondern händigte ihm immer nur höchstens hundert Francs aus.

Louise ging allein weg. Was sie wohl den ganzen Tag und die ganze Nacht trieb? Wenn sie bis ein Uhr nicht zurückgekehrt war, bedeutete dies, daß sie in der Nacht nicht mehr nach Hause kam. Sie mußte allerdings sehr vorsichtig sein, denn der Inspektor, der schon in die Villa Carnot gekommen war, schnüffelte ihr ein paarmal nach.

Petit Louis dagegen forderte die Polizei heraus. Er machte ja nichts Strafbares! Bei ihm war alles in Ordnung! Dabei hatte ihm sogar ein entfernter Bekannter die Karte einer Champagnerfirma gegeben, die er in den Cafés herumzeigte, wobei er sich zum Spaß erbot, Bestellungen aufzunehmen.

Aus unerfindlichen Gründen fühlte er aber trotz allem ein gewisses Unbehagen, und er fragte sich manchmal, ob dies vielleicht eine böse Vorahnung sei. Als er mit elf Jahren eine Gehirnhautentzündung bekam, hatte er schon einen Monat vorher gespürt, daß er krank würde, und alle hatten sich über ihn lustig gemacht.

Fehlte es ihm vielleicht an irgend etwas? Nein! Oder wenn, dann nur an geringfügigen Dingen. Er hatte eine

Runde durch die Kneipen einer Straße am Casino gemacht, wo sich die Bosse von Nizza trafen, die immer große Reden nicht nur über die Frauen, sondern auch über Wahlen, Grundstücksgeschäfte und Spielaffären führten.

Natürlich hatte er nicht erklärt:

»Ich bin Petit Louis aus Le Farlet, und ich möchte gern, daß ihr mir ein Plätzchen einräumt ...«

Aber er war zwei oder dreimal dagewesen und hatte sich nicht von der Theke weg getraut, sondern das Kartenspiel aus der Ferne verfolgt und sich nur schüchtern für eine Würfelpartie oder ein Pokerspiel angetragen.

Aber damit kam er nicht an! Sie sahen ihn neugierig oder gleichgültig oder verachtungsvoll an, aber keiner baute ihm eine Brücke.

So hatte er mit den anderen Kneipen vorliebgenommen, wo er zumindest von den jungen Leuten anerkannt wurde, die zum Teil aus guter Familie stammten und sich einbildeten, schon zur Unterwelt zu gehören, nur weil sie gratis mit einer Dirne schliefen oder Belote nach gewissen Spielregeln spielten.

Er hatte allerdings eine, wenn auch nur unbestimmte Angst. Daß er nämlich plötzlich Gène gegenüberstehen könnte oder Charlie oder einem von denen aus Marseille; wobei die Marseiller zwar nicht gern nach Nizza kamen, denn dieses hier war ein anderes Jagdrevier, in dem man sie aufs unfreundlichste empfing.

Der berühmte Abend mit Monsieur Parpin an jenem Freitag nach dem 15. August begann, wie die meisten Geschichten bei Petit Louis, mit einem Satz, den er zum Scherz so in die Luft gesagt hatte.

Monsieur Parpin, das war der seriöse Freund Constances. Und ebenso wie Constance d'Orval standesamtlich nur Constance Ropiquet hieß, war auch der Diplomat kein Diplomat, sondern ein ehemaliger Zolldirektor aus dem Norden. Petit Louis hatte seine Erkundigungen eingezogen. Er wußte, daß er eine verheiratete Tochter in Nizza hatte und selber in Arles bei einem Schwiegersohn wohnte.

Jedesmal wenn er seine Tochter in Nizza besuchte, nahm er die Gelegenheit wahr, eine Nacht bei Constance zu verbringen, die er auf der Promenade des Anglais kennengelernt hatte.

Er war zweiundsiebzig Jahre alt! Er kam immer mit einem seidenen Regenschirm, der ihm im Sommer als Sonnenschirm diente, und Petit Louis konnte, wenn er auch nur seinen Namen aussprechen hörte, nur mit Mühe ein Lachen unterdrücken, denn er war zweimal während der Darbietung in seinem Zimmer geblieben und hatte an der Tür gehorcht und durchs Schlüsselloch gesehen.

An jenem Freitag hatte Constance seufzend gesagt:

»Wie schade, daß wir heute abend in unserer Ruhe gestört werden! Heute ist Opas Tag ...«

Sie nannte ihn Pépé. Warum wohl? Dabei wollte sie ihn bestimmt nicht absichtlich lächerlich machen!

Nach kurzer Überlegung hatte sie dann hinzugefügt:

»Ich bin gespannt, ob er an meinen Geburtstag denkt!«

Denn Pépé war ein Mann, der Geschenke machte, kleine Aufmerksamkeiten brachte, nie mit leeren Händen kam. Er verwöhnte Constance wie ein Großvater, wie er wohl seine Enkel verwöhnte.

»Du hast heute Geburtstag?« hatte Petit Louis verwundert gefragt. »Wie alt wirst du denn?«

»Lümmel!«

»Wie wäre es denn, wenn wir deinen Geburtstag alle gemeinsam feierten?«

So etwas fiel ihm immer ein, wenn er guter Laune war. Dann ließ er seine Ideen einfach so heraus und lachte über ihre schwachen Aussichten, auch verwirklicht zu werden.

»Bist du verrückt geworden?«

»Warum? Warum sollten wir den Abend nicht im Familienkreis verbringen und sogar im ›Régence‹ zu Abend essen?«

»Wie willst du das denn anstellen?«

»Ganz einfach. Sobald der Alte da ist, kommen Louise und ich herein, umarmen dich und nennen dich Tantchen ... Wir sind dein Neffe und deine Nichte aus Nevers zum Beispiel ... Wir bringen dir einen Saint-Honoré-Kuchen mit Sahne mit.«

Bei diesen Worten sah er durchs offene Fenster wieder den Alten mit dem Holzkopf, dessen tagelange Bewegungslosigkeit etwas Erschreckendes hatte. War das vielleicht Gehirnerweichung?

Er wartete auch gespannt auf Niutas Weggehen, denn um diese Uhrzeit hatte das junge Mädchen Gesangsunterricht in der Stadt, und er hatte beschlossen, sie auf der Straße anzusprechen.

»Du hast vielleicht Ideen ...«, murmelte Constance, die den Vorschlag verlockend fand.

»Du liebe Zeit, das sind doch ganz einfache Ideen!«

Nein! So einfach waren sie wirklich nicht, eher hatten sie etwas Lasterhaftes. Er fühlte sich immer dann besonders wohl, wenn ein großes Durcheinander, wenn verlogene Verhältnisse entstanden. Er fühlte sich gern als derjenige, der die Fäden in der Hand hatte und mit den Leuten machen konnte, was er wollte.

Er kaufte tatsächlich einen Saint-Honoré-Kuchen, während Louise ihm ziemlich schlechtgelaunt folgte.

»Das wird ja bestimmt sehr lustig«, schimpfte sie. »Ganz davon abgesehen, daß der Alte mir sicher auf den Pelz rückt...«

Petit Louis hätte für seinen Auftritt fast den Augenblick gewählt, der, wie er wußte, der peinlichste gewesen wäre, doch dann hielt er sich zurück, und die Szene wurde ganz familiär, mit gegenseitiger Vorstellung, Umarmungen und roten Flecken auf den Wangen der zitternden Constance.

»Monsieur Parpin, ein guter Freund, der mich hin und wieder besucht, dann schwelgen wir in Erinnerungen...«

Aber es kam dann doch zu kleinen Reibereien, denn es war gar nicht so einfach, die Zeit bis zum Abendessen herumzubringen. Petit Louis schlug eine Partie Belote vor. Dann brachen sie ins Restaurant ›La Régence‹ auf, Louise saß vorne bei Monsieur Parpin, Petit Louis hinten am Arm Constances.

»Ich habe schrecklich Angst, daß er dahinterkommt!«

Monsieur Parpin hingegen hatte Angst, seine Tochter oder seinen Schwiegersohn zu treffen. So setzten sie sich ganz hinten in eine geschützte Ecke des Restaurants.

Es gab ein wahres Festmenü: Kaviar (den Louise verabscheute), Languste auf amerikanische Art, Hühnchen, eine Eisbombe und Champagner von Anfang an, denn Petit Louis hatte erklärt:

»Einen Geburtstag kann man nur mit Champagner feiern!«

Constance, die gern trank, das Trinken aber nicht vertrug, hatte Tränen der Rührung in den Augen, während Monsieur Parpin sich Sorgen über die Rechnung zu machen schien.

»Sie wohnen also in dieser netten Stadt Nevers? Ich habe damals einen Teil meines Militärdienstes dort abgeleistet ...«

Nur Louise schien voller Unruhe, und als sie etwa die Hälfte des Essens hinter sich hatten, versuchte sie Petit Louis durch Zeichen auf sich aufmerksam zu machen. Er brauchte lange, bis er verstand oder bis er verstehen wollte. Dann entschuldigte er sich und ging in den Waschraum, wohin sie ihm gleich folgte.

»Was hast du denn?«

»Ich weiß nicht... Ich habe keine Ruhe mehr. Von meinem Platz aus kann ich fast das ganze Lokal im Spiegel sehen ... Der Inspektor sitzt schon von Anfang an in einer Ecke ... Er ist uns bestimmt nachgekommen ...«

»Na und?«

»Ich möchte nichts behaupten, aber ich bin ziemlich sicher, daß ich Gène auf dem Gehsteig gesehen habe.«

Er zuckte nicht mit der Wimper. Er wollte sich seine Angst nicht anmerken lassen, aber es hatte ihm einen Schock versetzt und er ordnete nun zum Schein seine Haare vor dem Spiegel.

»Aber sicher bist du nicht?«

»Er stand auf der Terrasse und sprach mit Leuten, die da saßen ...«

»Meinst du, er ist noch da?«

»Ich weiß nicht... Paß auf...«

Er hatte sich lässig an die Gesäßtasche gefaßt und seinen Hosengürtel hochgezogen.

»Geh an den Tisch zurück... Nach einer Weile sagst du dann, daß du etwas zu erledigen hast... Laß dir irgend etwas einfallen. Dann siehst du draußen nach, ob Gène wirklich da ist...«

»Und wenn er mich zurückhält?«

Er zuckte nur mit den Achseln und fuhr fort:

»Tu was ich dir sage und laß das übrige meine Sorge sein!«

Als er allein war, wischte er sich den Schweiß ab und sah sich im Spiegel an. Er hatte schon lange gewußt, daß dies eines Tages kommen würde, aber er hatte lieber nicht daran gedacht.

Es war nicht recht gewesen, daß er Louise aus dem Bordell von Hyères geholt hatte, obwohl sie in Wirklichkeit noch Gène gehörte. Er hatte sich auch bei der Sache in Le Lavandou nicht ganz korrekt verhalten, weil er der Versuchung, damit anzugeben, nicht hatte widerstehen können. Und dann hatte er auch Constance zu viel erzählt, die ihrerseits beim Casinodirektor geplaudert hatte...

Wenn er ganz aufrichtig war, mußte er zugeben, daß Gène durchaus recht hatte, wenn er ihn für einen Dilettanten, für einen Künstler, wie er sagte, hielt.

Aber von Marseille nach Nizza war ein langer Weg...

»Erlauben Sie, Tante, daß ich einen Augenblick an die frische Luft gehe?« sagte Louise, als Petit Louis an seinen Platz zurückgekehrt war. »Ich ersticke hier ... Das kommt von der Languste ...«

So trat die Wende in Petit Louis' Schicksal ein. Zum letztenmal – auch zum ersten – stützte er sich mit den Ellbogen auf den weißgedeckten Tisch eines vornehmen Restaurants und nahm eine feine Mahlzeit ein, spielte mit einem Zahnstocher herum und quirlte den Champagner in seinem Glas auf.

Er hatte seinen Stuhl zurückgeschoben, um ebenfalls im Spiegel zu sehen, was hinter ihm vor sich ging, und dabei den Inspektor erkannt, der vor einem Filterkaffee am Tisch saß.

Louise ging hinaus. Sie betrat die Terrasse, und Petit Louis hatte den Eindruck, daß sie ihm verstohlen zuwinkte, wie um ihm zu sagen:

»Er ist es tatsächlich!«

Aber sie war weit weg. Zwischen ihr und dem Spiegel gab es glitzernde Lichter, Rauchschwaden und eine Menge Leute, die hin und hergingen.

»... Sie haben mir gerade nicht zugehört«, sagte Monsieur Parpin mit nachsichtigem Lächeln. »Ich sagte, daß Ihre Frau ein sanftes Wesen hat ... Haben Sie Kinder?«

Petit Louis war einen Augenblick lang so weit weg von der Komödie, die sie hier spielten, daß er den Alten verständnislos ansah und ihm am liebsten erklärt hätte:

»Was fällt Ihnen denn ein? Sie haben wohl nicht alle Tassen im Schrank, wie?«

Er tat es nicht und sagte nur zerstreut:

»Noch nicht ...«

Er konnte das Komische an der Situation nicht mehr auskosten. Er sah Constance und Parpin jetzt mit anderen Augen in furchtbar grellem Licht, wie auf einer obszönen Fotografie, mit ihren kleinsten Warzen, ihren sensationsgierigen graugrünen Augen, der Schüchternheit von Leuten, die sich schuldig fühlen und von vornherein lächeln, wie um sich zu entschuldigen.

Constance hatte einen hochroten Kopf, man sah die geplatzten Äderchen in ihrem Gesicht noch deutlicher. Monsieur Parpin mit seinem Bürstenhaarschnitt und den eckigen Kinnladen war gewiß einer der unerbittlichsten Beamten gewesen und immer ein bißchen gemein zu den Untergebenen, von jener sachkundigen Gemeinheit, die sich hinter Vorschriften tarnt.

Louise kehrte nicht zurück. Wenn Gène tatsächlich da war, hatte er sie gewiß auf dem Gehsteig der Avenue de la Victoire aufgehalten und sie zur Rede gestellt. Vielleicht war Gène auch nicht allein gekommen. Normalerweise tat er das nicht, er brachte fast immer den dicken Charlie mit.

Was würde Louise erzählen? Würde sie umfallen? Sie war einmal in Petit Louis verliebt gewesen, war es sogar immer noch, sicher sogar, der Beweis war ja, daß sie ohne weiteres das Bordell in Hyères verlassen hatte, obwohl sie ja wußte, wohin das führen konnte.

Aber sie war keine besonnene Frau und auch keine Frau, die allein zurechtkam. Sie liebte ihre Gewohnheiten. Sie brauchte einen ruhigen Trott, und es war klar, daß sie hier in Nizza schon ihrem ruhigen Leben im Bordell nachweinte, wo sie Siesta auf dem Trottoir hielt und zwischen zwei Kunden Groschenromane las.

Petit Louis verunsicherte sie gewiß, er, bei dem nichts lief wie bei den anderen und der bei keinem gut angesehen war.

Würde sie nicht zu Gène zurückkehren, dem Petit Louis nie die fünftausend Francs gezahlt hatte, die er dafür verlangte, daß er ihm Louise abtrat?

Monsieur Parpin und Constance langweilten sich jetzt an seinem Tisch, da man sich nicht einmal mehr Mühe gab, sie in Schwung zu halten. Und Petit Louis wartete immer noch gespannt, fühlte sich aber doch ein wenig erleichtert, daß der Inspektor da war.

›Wenn sie ihn kennen oder wenn Louise ihnen sagt, daß er hier ist, wagen sie nicht, etwas zu machen, sonst wäre dies ja wie ein Eingeständnis, daß sie mit der Sache in Le Lavandou etwas zu tun haben ...‹

Auch wenn das nun feige war! Wer wußte schon davon? Er hatte jedenfalls nicht die geringste Lust, da draußen auf dem Gehsteig Gène und den anderen zu begegnen, die ihn dann irgendwo in eine menschenleere Gegend am Meer abschleppen würden.

»Ihre Frau kommt nicht zurück ...«, murmelte Monsieur Parpin.

»Nehmen Sie auf sie keine Rücksicht ... Sie macht das immer so ...«

»Monsieur Parpin ist nämlich müde ...«, erklärte Constance. »Wir sind nicht mehr die Jüngsten, wir beide ... Vielleicht gehen wir schon voraus? ...«

»Genau! ... Tun Sie das ruhig ...«

Monsieur Parpin zahlte, sagte noch ein paar höfliche Sätze und gab Petit Louis seine Adresse in Arles für den Fall, daß er dort einmal vorbeikäme.

Danach wischte sich Petit Louis noch einmal den Schweiß ab. Statt noch länger da ganz hinten im Restaurant zu bleiben, setzte er sich lieber ins Café nicht weit vom Inspektor entfernt und warf dabei einen Blick auf die Terrasse, wo er aber niemanden erkennen konnte.

Das Lächerlichste war, daß ihm die Languste zu schaffen machte und das ja nun wirklich im passendsten Moment.

Genau genommen war er mindestens so wütend wie ängstlich, denn er fühlte sich ungerecht behandelt.

Warum warf man ihm wieder einmal Steine in den Weg? Er hatte das bequeme Leben entdeckt. Er tat keinem etwas zuleid. Er war sogar dabei, sich zu verlieben.

Denn er war an diesem Morgen Niuta auf der Straße nachgegangen, hatte den Hut gezogen und ganz ernst gemurmelt:

»Darf ich Sie ein Stück begleiten?«

»Wenn Sie wollen ...«

Sie sagte dies freundlich, lächelte aus ihren großen dunklen Augen und ließ dabei ihre Zähne eines sechzehnjährigen kleinen Mädchens blitzen. Sie trug ihre Notenmappe in der Hand, und er bot sich an, diese zu tragen.

»Haben Sie denn keine Angst, so ganz allein in Nizza zu leben?«

»Angst wovor?«

»Haben Sie keine Eltern, keine Freunde?«

»Meine Mutter singt in New York, an der Met... Sie war einmal für drei Monate in Frankreich ...«

»Warum haben Sie sich denn neulich eingeschlossen, als ich Ihnen guten Tag sagen wollte?«

»Ich weiß nicht ...«

Eine Viertelstunde vorher hatte er noch mit Constance diese schwüle Geschichte mit dem Geburtstagsabendessen ausgedacht, und jetzt ging er wie ein ganz junger Mann neben seiner Gefährtin her, die plötzlich und viel zu früh stehenblieb und sagte:

»Ich bin da ... Hier ist es ...«

Jetzt im ›Régence‹, wo er ganz in der Nähe des Inspektors saß, dachte er darüber nach, daß sie das einzige wirklich junge Mädchen war, das er je kennengelernt hatte, wenn man einmal von der Tochter des Klempnermeisters in Le Farlet absah, die er in einem Weinberg unbeholfen aufgeklärt hatte, obwohl er selber in Liebesdingen auch nicht viel besser Bescheid wußte als sie.

Aber was dachte er hier noch an Niuta? Er hatte das Gefühl, daß es in dem Augenblick, in dem er das Restaurant und damit den geschützten Bereich verließ, dessen Mittelpunkt der Polizeiinspektor bildete, um seine Sicherheit geschehen sein würde, und dieses Gefühl wurde so quälend, daß er sich schließlich erhob, um sich dem Polizisten gegenüberzusetzen.

»Erlauben Sie?«

»Aber bitte ... Stimmt etwas nicht?«

Sie schwiegen eine Weile. Der Kellner kam.

»Nichts für mich ... Ich bin schon bedient ...«

Nachdem sie wieder eine Weile geschwiegen hatten, murmelte der Inspektor:

»Nun? ...«

Petit Louis behauptete bewußt etwas Falsches, um die Wahrheit zu erfahren.

»Haben Sie sie gesehen?«

»Vor zehn Minuten waren sie noch da...«, sagte der Mann von der Sicherheitspolizei und wies auf die Terrasse.

Es waren also mehrere, wenn der Polizist den Plural gebraucht hatte!

»Glauben Sie, daß die mich suchen?«

»Also mich bestimmt nicht...«, scherzte der andere.

»Ich habe ihnen nichts angetan!« empörte sich Petit Louis.

Seine Ungeduld schlug in Panik um. Louise kehrte immer noch nicht zurück, was ein schlechtes Zeichen war. Er war nun fast sicher, daß die anderen an der Straßenecke auf ihn warteten.

»Warum sehen Sie mich so an?« sagte er in gehässigem Ton.

»Weil ich glaube, daß ich mich nicht geirrt habe und du Dummheiten machen wirst!«

»Was für Dummheiten?«

»Wie soll ich das wissen?«

»Dann sagen Sie nichts!« schnitt er ihm das Wort ab und stand wütend auf und holte seinen Strohhut von der Garderobe.

Er dachte sich, daß der andere ihm gewiß nachgehen würde, so daß für ihn keine Gefahr bestünde. Der Kellner lief ihm nach, da er vergessen hatte, seine Zeche zu begleichen. Draußen blickte er sich nach allen Seiten um, sah auch eine Menge Gestalten, die er aber nicht erkannte und machte sich dann Richtung Place Masséna auf.

»Am besten wäre es, ein paar Tage aufs Land zu verschwinden«, soufflierte ihm sein Instinkt.

Er zögerte nur noch deshalb, weil er nicht recht wußte, wohin er gehen sollte. Gène und die anderen blieben Marseille nie lange fern, weil sie dort immer viel zu tun hatten. Petit Louis hatte dreihundert Francs dabei, weil er gerade am Vorabend zweihundert Francs aus Louises Tasche genommen hatte.

Er war noch zu nichts entschlossen, als er schon handelte. Ein Bus Richtung Promenade des Anglais fuhr vorbei. Er hatte keine Zeit nachzusehen, wohin er fuhr. Er sprang auf und ging schnell nach hinten, machte die Brieftasche auf und sah beruhigt, daß das Geld noch da war.

Der Schaffner stand vor ihm und wartete. Petit Louis hob den Kopf.

»Wohin fährt der Bus?« fragte er.

Und da ihn der Schaffner erstaunt ansah, wiederholte er: »Ich habe dich gefragt, wohin dieser Bus fährt ...«

Instinktiv hatte er seinen bissigsten Ton angeschlagen und duzte den Mann.

»Nach Grasse.«

»Also worauf wartest du noch, um mir eine Fahrkarte nach Grasse zu geben?«

Er hatte immer noch keinen Plan. Der Bus fuhr schon, als ihm einfiel, daß sie ihn vielleicht beim Einsteigen beobachtet hatten und daher wußten, wohin er fuhr.

Entschlossen ging er zur Tür.

»Wir sind noch nicht da«, protestierte der Schaffner.

Doch das quittierte er nur mit einem »Halt die Klappe« und sprang ab, als sie auf eine Lichtergruppe zufuhren.

Erst nachdem er etwa hundert Meter gegangen war,

sah er auf einem Schild, daß er sich in Cagnes-sur-Mer befand. Es war halb ein Uhr nachts. Er entdeckte eine merkwürdige Kneipe an der Landstraße, vor der zwei dicke Autos standen, stieß die Tür auf und stand in einem schmalen verrauchten Raum, in dessen Mitte sich eine hohe Theke mit drei Barhockern befand. Es wurde laut durcheinander geredet. Auf der einen Seite der Theke befanden sich hitzige Engländer und auf der anderen zwei Frauen, wovon eine sehr dick war, sie unterhielten sich so gut sie konnten in einer Mischung aus Französisch und Englisch mit ihnen und lachten immer blöde, wenn sie nicht verstanden.

Petit Louis verzog sich in eine Ecke und bestellte einen Pfefferminzlikör.

## 6

Er ahnte nicht, daß alles, was er jetzt tat, jede kleinste Geste sozusagen Geschichte würde und daß er fast ein ganzes Jahr lang Handlungen würde erklären müssen, die er sich jetzt, da er sie vollzog, selber nicht erklären konnte.

So war er beim Betreten der Kneipe eher mißmutig und hatte keine Lust, mit irgend jemandem zu reden. Engländer konnte er im allgemeinen nicht leiden, und so hatte er allen Grund, in seiner Ecke sitzen zu bleiben, vor allem auch, da eine der Frauen hinter der Theke auf so eine Art lachte, die ihn anwiderte.

Nun hörten aber die Engländer, die viel getrunken hatten und auch weiterhin tranken, damit auf, im Chor zu singen, dafür fingen sie mit Geschicklichkeits- und Kräftespielen an.

Sie waren schon so betrunken, daß sie über alles lachten, und da sie alle ihre Kunststücke verpatzten, brachen sie in dem schmalen Raum jedesmal in hysterisches Lachen aus.

Betont lässig und verachtungsvoll verlangte Petit Louis ein Kartenspiel, das er scheinbar ganz leicht in der Mitte durchriß. Von nun an mußte er mit den anderen trinken, die vergebens versuchten, ihn nachzuahmen, und noch eine Stunde später zeigte er ihnen gestikulierend und Kauderwelsch redend immer neue Tricks.

Einer von ihnen, ein Blonder, wollte unbedingt gehen, er hatte Petit Louis schon zweimal ins Ohr geflüstert:

»Kino!«

Man hörte einen Motor brummen. Die beiden Frauen hatten erreicht, daß auch ihre Zeche gezahlt wurde. Frische Luft drang in den Raum, und Petit Louis sah jemanden in dem Auto stehen und ihm gebieterisch zurufen:

*«Come in!«*

Er begriff, daß er einsteigen sollte, und als sie wieder das Wort »Kino« sagten, beschloß er, sie zu einer ihm bekannten, ganz speziellen Villa im oberen Teil von Cannes zu geleiten.

Er hatte Gène und die übrigen nicht vergessen, meinte aber, ihnen entkommen zu sein und war, auch dank des Whiskys, ganz zufrieden mit sich.

Als sie dann in Cannes angelangt waren, verloren sie Zeit mit dem Warten auf den zweiten Wagen, der aus unerfindlichen Gründen erst eine gute halbe Stunde später eintraf. Dann mußten sie den Weg zu der Villa finden. Nachdem sie geklingelt hatten, sahen sie wie gebannt auf die Fenster; endlich ging eines von ihnen auf und eine ungeschminkte alte Frau rief unfreundlich:

»Sehen Sie denn nicht, daß geschlossen ist?«

»Ist Madame Rose nicht da?« fragte Petit Louis.

Er wollte zumindest vor den Engländern den Anschein erwecken, sich hier auszukennen.

»Ich habe Ihnen doch gesagt, daß hier geschlossen ist! Wenn Sie weiter herumlärmen, rufe ich die Polizei ...«

Die Autos fuhren wieder los. Petit Louis wußte nicht mehr genau, wohin es ging. Seine Gefährten dösten vor sich hin, und bei Tagesanbruch befanden sie sich mitten in den Esterel-Bergen.

Als sie Saint-Raphael erreichten, war der Himmel im Osten rosig, und die beiden Wagen hielten. Man sagte etwas zu Petit Louis, der nichts verstand. Man öffnete den Wagenschlag und wies auf das Trottoir.

Er befand sich vor dem Bahnhof. Die große fahle Uhr zeigte halb fünf. Es gab keine Geräusche und nicht das geringste Lebenszeichen auf den Straßen, die zu breit wirkten.

Die Autos fuhren wieder ab, und ihre Insassen riefen ihm noch Grüße zu, die vielleicht ironisch gemeint waren. Hatten sie sich über ihn lustig gemacht?

Er überlegte, daß es sich nicht mehr lohnte, für die kurze Nachtzeit noch einen Hotelwirt zu wecken. Auf diese Weise würde man ihn dann später fragen:

»So sind Sie also ganz allein in den Straßen herumgegangen!«

Du lieber Gott, ja. Er drehte sogar ganz allein eine Runde um den Musikpavillon und sah den kleinen Fischerbooten nach, die sich mit knatternden Motoren auf dem glatten und glänzenden Wasserspiegel entfernten.

Er dachte nach, wie man eben nach einer Nacht nachdenkt, in der man Whisky getrunken hat und nicht daran gewöhnt ist. Er sagte sich immer wieder, daß es das Beste wäre, zwei oder drei Tage zu verschwinden, damit Gène und die anderen der Sache leid würden. Da in Kürze ein Triebwagen nach Le Farlet abfuhr, beschloß er, seine Mutter zu besuchen, die er schon vier oder fünf Monate nicht gesehen hatte.

Die Küste zwischen Marseille und Nizza oder Monte Carlo war für ihn, wie für viele andere auch, ein einziger Boulevard, auf dem Autos, Busse und Triebwagen hin und her fuhren, in die man ohne viel Umstände einstieg.

Er trank Kaffee und aß zwei Croissants, konnte sich aber später nicht mehr an das Lokal erinnern. Das einzige, was er den Geschworenen noch sagen konnte, war, daß aus dem Nebenraum Geruch von Tischlerleim drang und daß der Wirt klein und dunkelhaarig war und eine hinterhältige Miene hatte.

Warum sollte er Constance nicht ein Telegramm schicken? Er betrat das Telegrafenamt am Bahnhof und schrieb voller Eifer, denn er hatte ja nicht einmal Volksschulabschluß:

*Kurze Geschäftsreise unumgänglich. Rückkehr in drei Tagen.*

*Louis.*

Er schrieb »kurz« übrigens mit »tz« und »Rückkehr« ohne »h«. Dann kaufte er den *Eclaireur* und setzte sich in den Triebwagen.

Als er später gefragt wurde, ob ihm nichts Ungewöhnliches aufgefallen sei, verneinte er, und der Vorsitzende des Gerichts erklärte ihm dann triumphierend, es sei doch merkwürdig, daß er eine achtminütige Panne an der ersten Kurve nach Sainte-Maxime nicht bemerkt habe.

Das hatte er eben nicht wahrgenommen! Das stärkste Stück war, daß er ganz einfach einen Fortsetzungsroman las, dessen Anfang er nicht kannte und dessen Ende er nie erfahren würde. Es kam ihn nicht in den Sinn, durch die Tür hinauszusehen, und in Carqueiranne wurde er auch mehr instinktiv aufmerksam.

Le Farlet war nicht weit, es lag auf halbem Wege zwischen Carqueiranne und Le Pradet auf der rechten Seite, dort wo man im Vorbeifahren in der glühenden Ebene nur die dunkelgrünen Weinberge sah, die sich von der rötlichen Erde abhoben, hin und wieder auch ein altes Haus, das in der heißen Luft festzukleben schien wie eine Fliege in Sirup.

Das Haus des alten Dutto, das heißt, das Haus seiner Mutter, lag außerhalb des Weilers, und er nahm die Abkürzung, einen Pfad durch Rohrdickicht, das von Zikadengezirpe erfüllt war. Aus der Ferne sah er einen Mann, den er kannte oder vielmehr, aus der Schulzeit kannte, und der jetzt ein kräftiger, schon fetter Bursche geworden war und hoch auf einem Wagen thronte. Er grüßte ihn nicht. Der andere hatte ihn nicht bemerkt oder ihn, vom Geräusch der Wagenräder eingeschläfert, für irgendeinen unbekannten Passanten gehalten.

Er mußte noch einen Weinberg durchqueren... Wie immer kam er von der Rückseite des Hauses her, denn die Vorsicht gebot es, sich, bevor man das Haus betrat, zu versichern, ob Dutto einen guten oder einen schlechten Tag hatte. Jemand in einem schwarzen hochgesteckten Rock, der die Strümpfe bis zu dem roten Bindfaden, der sie unterhalb der Knie festhielt, erkennen ließ, stand über einen Bottich gebeugt da.

»Ma!«... rief er.

Die Frau drehte sich um, blinzelte, weil die Sonne

ihr jetzt direkt ins Gesicht schien, und das erste, was sie sagte, war:

»Was willst du hier?«

»Nichts ... Ich bin nur so vorbeigekommen, um dir mal Guten Morgen zu sagen ...«

»Na, um diese Uhrzeit ist das ja wohl ein bißchen spät ...«

Sie hatte sich von ihrem Sohn auf die Stirn küssen lassen, sah ihn aber immer noch mißtrauisch an.

»Ich wette, du hast wieder Dummheiten gemacht?«

»Aber nein! Ich war gerade in der Gegend, da habe ich mir gesagt ...«

»Da hast du dir gesagt, daß du hier vielleicht einen Hunderter abstauben könntest ... Aber da kommst du im falschen Augenblick, mein lieber Herr Sohn ... Ich glaube nämlich, daß der Dutto am Eingehen ist, und ich habe noch nicht herausbekommen, ob er ein Testament gemacht hat ... Nachdem ich weiß, was er für ein Schwein ist ...«

»Wo ist er?«

»Dort! ... Du brauchst nur das Fenster aufzustoßen ...«

»Schreit er dann nicht?«

»So weit, wie es mit ihm gekommen ist, wird er seinen Mund nicht mehr aufkriegen ...«

Petit Louis stieß das Fenster auf. Gleich daneben lag der Alte mit offenen Augen und speichelnden Lippen auf einem hohen Bauernbett, und ein Schwarm violetter Fliegen schwirrte um seinen Kopf. Die Luft roch fade wie sauer gewordene Milch.

»Du kannst ganz sicher sein, daß er dich nicht erkennt ... Er liegt jetzt schon zehn Tage so da wie ein lebendiger Leichnam ...«

Sie hatte schon immer eine durchdringende Stimme gehabt, und wenn Dutto bei Bewußtsein gewesen wäre, hätte er alles gehört.

»Hast du den Arzt gerufen, Ma?«

»Am ersten Tag ... Er hat mich gefragt, ob er ihn ins Krankenhaus einweisen lassen solle ... Ich war dagegen, denn man kann nie wissen ...«

Hühner liefen um sie herum, die gleichen hochbeinigen Hühner, die auch schon im Hof herumgackerten, als Petit Louis noch klein war. Die Alte wrang Handtücher aus und richtete sich mit zwei ruckartigen Bewegungen mühsam wie eine abgenutzte Mechanik auf und wandte sich dem Haus zu.

»Hast du gegessen?« fragte sie.

»Nein.«

»Du weißt, wo das Brot liegt ... Im Schrank sind Sardellen ...«

Kein anderer Ort roch so durchdringend nach Armut wie dieses niedrige Haus, das doch von saftigen Reben umstanden war. Alle Läden waren geschlossen, einige sogar zugenagelt, so große Angst hatte man hier vor dem Licht; und kleine Katzen, die großen Ratten ähnelten, liefen davon, wenn man sich ihnen näherte.

»Hast du deine Schwester besucht?«

»Schon seit einer Weile nicht mehr ...«

»Ich frage dich gar nicht erst, was du so treibst. Bestimmt nichts Anständiges ...«

Er sagte nichts, seine Laune verschlechterte sich aber zusehends. Er aß und bediente sich dabei selbst. Er konnte sich nicht erinnern, je einmal ein normales Essen bekommen zu haben wie andere Leute, nicht einmal als Kind. In diesem Haus war jeder immer nur sich selbst der Nächste, und alle Bewohner haßten sich gegenseitig so sehr, daß sich ein Beobachter wie in einem Tollhaus vorkommen mußte.

Es kam zum unvermeidlichen Streit. Worüber eigentlich? Schwer zu sagen. Die Alte hatte wohl einen Satz wie diesen gesagt:

»Als hättest du es gerochen …«

»Was soll ich gerochen haben?«

»Daß Dutto abkratzt … Du bist sofort angelaufen gekommen und tust jetzt zum erstenmal so, als bräuchtest du kein Geld …«

»So glaube mir doch, daß …«

»Ich kenne dich zu gut! Wenn ich nur ein paar Sous hätte, würdest du mich wieder bedrohen wie damals mit vierzehn …«

Sie hatte ein bemerkenswertes Gedächtnis für solche Dinge. Es gab keine Missetat ihres Sohnes, an die sie sich nicht genau mit Datum, allen Einzelheiten und dem Wetter, das damals war, erinnerte.

Die Geschichte, auf die sie anspielte, hatte etwas zugleich Dramatisches und Komisches. Sie geschah damals, als in Toulon die ersten amerikanischen Filme liefen und er sich, um dorthin zu kommen, hinten an Lastwagen anklammerte. Seine Kameraden und er spielten nur noch Banditen, und jeder von ihnen hatte einen schwarzen Lappen in der Tasche, um sich damit zu maskieren.

Eines Tages war Petit Louis auf diese Weise maskiert

halb im Ernst und halb im Spaß im Zimmer seiner Mutter aufgetaucht, die sich gerade ankleidete und hatte ihr befohlen:

»Fünf Francs her! ... Fünf Francs her oder ich schieße ...«

Er hatte nur eine »Eureka«-Pistole, aber vielleicht nahm er sich selber ernster, als man annehmen konnte?

Jetzt, zehn Jahre danach, erinnerte sie ihn daran.

»Wenn ich denke, daß dein armer Vater, nachdem er neun oder zehn Stunden im Bergwerk gearbeitet hatte, nicht einmal in die Kneipe ging! ... Ich möchte wirklich wissen, wo du das her hast ...«

Er fing zu pfeifen an. Sie ärgerte sich. Durch die offene Tür sah man den alten Dutto in seinem Bett, den Blick zur Zimmerdecke gerichtet und mit fast ebenso starren Zügen wie der Holzkopf von Nizza.

Vielleicht brauchte er etwas? Ganz sicher sogar, aber da er weder reden noch sich bewegen konnte, wußte man es nicht.

»Genau wie dieser Dreckskerl da, der mich zwanzig Jahre lang schlimmer als eine Dienstmagd behandelt und mit mir Dinge gemacht hat, die man nicht einmal erzählen kann und der jetzt krepieren wird, ohne mir auch nur einen Sou zu hinterlassen! ... Was soll aus mir werden in meinem Alter, wo ich nicht einmal mehr die Kraft habe, die Wassereimer aus dem Brunnen zu ziehen? ... Wie! Was soll ich machen mit einem Sohn, bei dem man nie weiß, ob er nicht gerade im Gefängnis ist und einer Tochter wie deiner Schwester, die sich ihrer Mutter schämt, seit sie ein Geschäft hat? ... Auf dem Markt von Toulon hat sie einmal so getan, als sähe sie mich nicht, weil ich da vor meinen Bohnen saß und meine Ware ausrief! ... Ich wette, daß man mich nicht einmal in einem Altersheim aufnehmen wird ...«

Sie weinte, während sie immer weiter redete und dann wieder neu in Wut geriet. Petit Louis hatte sie immer so erlebt. Er wußte, daß sie Schlimmes durchgemacht hatte. Vielleicht hatte sie damals in Lille, als die Deutschen kamen, einen Schock erlebt?

Mit dem Alter war es immer schlimmer geworden, und man wußte wirklich nicht, wohin es bei ihrem ewigen Zusammenleben mit dem alten Dutto noch führen würde, der als der streitsüchtigste Mann von Le Farlet galt und über den man schon vor dreißig Jahren gesagt hatte, daß er »nicht wie die anderen Leute« war.

»Hör mal, Ma!«

»Trägst du neuerdings Ringe?«

Er hatte einen an der linken Hand, was dem kühlen Blick seiner Mutter nicht entgangen war.

»Du trägst Ringe wie ein Mädchen und du ...«

Er hatte ihr wohl eine flegelhafte Antwort gegeben, und sie hatte noch eines daraufgesetzt. Wie sollte er sich an die Worte erinnern, die allzu unzusammenhängend gewesen waren. In diesem Wortstreit warf man sich einfach zusammenhangslos die schmutzigsten Dinge an den Kopf.

Dutto lag noch immer in seiner schrecklichen Bewegungslosigkeit da. Petit Louis drehte schließlich durch. Es reichte ihm! Seine Mutter hatte zuviel gesagt. Er packte einen Stuhl an einem Stuhlbein und begann damit auf die Fensterscheiben und Töpfe einzuschlagen und berauschte sich an dem Lärm und den zerbrochenen Dingen.

»Wenn du mich noch einmal einen Fuß in dieses Haus setzen siehst, will ich gehenkt werden ...«

»Dir wird man nicht einen Strick um den Hals legen, dir wird man ...«

Er ging keuchend hinaus und vergaß seinen Strohhut, fünfzig Meter vom Haus entfernt begegnete er seinem alten Schulfreund, der so dick geworden war und der ihn sicher gehört hatte. Er grüßte ihn nicht, der andere drehte sich aber nach ihm um und sah ihm nach.

Welcher Tag war eigentlich heute? Petit Louis hatte keine Ahnung. Dadurch daß er gar nicht im Bett gewesen war, reihten sich die Stunden einfach so aneinander, und er dachte nicht an das Datum. Er durchquerte den Weiler, ohne die Leute zu grüßen, ging bis nach Le Pradet, bestellte sich in einer kleinen lindgrün gestrichenen Kneipe etwas zu trinken. Er war dort bekannt, hatte aber keine Lust zu reden.

Er sprang in den ersten Bus, der vorüberfuhr, stieg in Toulon aus und ging schließlich, weil ihm nichts Besseres einfiel, ins Kino.

Was unternahm er noch an diesen beiden Tagen, über die man ihm später Minute für Minute Rechenschaft abverlangte? Der Streit mit seiner Mutter hatte ihn in schlechte Laune versetzt, denn schließlich hatte er auch davon geträumt, eine Mutter zu haben wie alle anderen Leute, die voller Nachsicht war und ihrem Sohn alles verzieh, ihm in jeder Lage Hilfe gewährte.

Doch davon konnte keine Rede sein! Sie war nie so gewesen! Sie kannte ihn, aber verurteilte sie ihn nicht doch strenger als nötig?

Ab und zu ging ihm der Gedanke durch den Kopf, einfach nach Marseille in die Bar ›Express‹ zu gehen, wo er Gène und die anderen gewiß antreffen würde und ein für alle Mal mit ihnen reinen Tisch machen könnte.

Zuerst kaufte er sich am Quai Cronstadt bei einem ehemaligen Rugbystar, der ihn erkannte und gedacht hatte, er sei noch in Avignon, eine neue Mütze.

Er hatte jetzt nur noch hundertfünfzig Francs in der Tasche und beschloß, seine Schwester zu bitten, bei ihr übernachten zu können.

»Was ist los mir dir?« fragte sie, als sie ihn sah.

»Was soll los sein mit mir?«

»Ich weiß nicht. Du siehst irgendwie merkwürdig aus...«

»Ich habe aber nichts!«

Sein Schwager konnte ihn nicht leiden, spielte aber doch bis ein Uhr früh Belote mit ihm. Petit Louis schlief auf einer Matratze in der Kneipe, wie früher auch schon manchmal. Am Morgen half er ein bißchen beim Aufräumen der Flaschen, gegen elf Uhr nahm er noch einen Imbiß ein. Dann stieg er in einen Bus nach Toulon und spielte gegenüber vom Bahnhof mit einem dreckigen Nordafrikaner eine Partie Zanzibar.

Er langweilte sich. Er hätte gern gewußt, wie die Dinge in Nizza liefen, und gegen drei Uhr konnte er es nicht mehr aushalten, stieg wieder in einen Bus, der nur bis Saint-Raphael fuhr. Auf dem Boulevard meinte er das Auto des einen Engländers wiederzuerkennen, achtete aber nicht darauf und erinnerte sich dann nur noch, daß über der Nummer die Buchstaben GB gestanden hatten.

Er hätte an dem Abend nach Nizza zurückfahren können; es war aber gerade ein Fest, und er tanzte, machte die Bekanntschaft einer kleinen Hotelbediensteten, die Knoblauch gegessen hatte, und trennte sich erst gegen zwei Uhr früh von ihr, ohne erreicht zu haben, was er sich erhofft hatte.

Diesmal schlief er im Hotel. Am Morgen ließ er sich rasieren und um elf Uhr erreichte er Nizza. Mit den Händen in den Hosentaschen und freudig gestimmt, wandte er sich Richtung Villa Carnot.

Er besaß einen Wohnungsschlüssel. Die Concierge sah er beim Hereinkommen nicht, aber sie war auch nur selten in ihrer Loge. Er ging hinauf, ohne einem Mieter zu begegnen, und hörte die Stimme seiner Nachbarin, die Chopins Berceuse sang.

Gleichzeitig nahm er schon beim Öffnen der Tür einen merkwürdigen Geruch wahr und blieb dann erschreckt stehen, als er die große Unordnung im Zimmer, die herausgerissenen Schubladen und die vielen auf dem Teppich verstreuten Dinge sah.

Im Schlafzimmer hätte er fast aufgeschrien, denn Constance lag da in einem kurzen Hemd quer auf dem ungemachten Bett mit durchgeschnittener Kehle, das Blut rann ihr über die Brüste und bis auf einen Schenkel.

Im ersten Reflex wollte er das Fenster aufreißen, denn der Geruch war ekelerregend. Dann aber verließ er Hals über Kopf die Wohnung, vergaß abzuschließen, stolperte die Treppe hinab und fand sich auf der Straße wieder, wo er versuchte, sich in die Gewalt zu bekommen und wie die anderen Passanten normal zu gehen und natürlich zu atmen.

Er streifte lange herum. Vor allem mußte er aus der gefährlichen Gegend herauskommen. Er hatte Durst. Seine Kehle war ausgedörrt. Er befand sich schon fast am Ende der Avenue de la Victoire, als er es schließlich wagte, eine Kneipe zu betreten und einen Anis zu bestellen.

Er sah sich zwischen den Flaschen im Spiegel. Er hatte noch nicht nachgedacht. Er trank, aber der Anis kam ihm ebenso fad vor wie der Geruch hier. Er zog eine solche Grimasse, daß der Wirt verwundert fragte:

»Ist er nicht gut?«

»Geben Sie mir etwas anderes... Einen Weinbrand... oder einen Rum...«

»Was wollen Sie nun, einen Weinbrand oder einen Rum?«

Er schaffte sogar ein Lächeln. Einfach dumm, sich hier in einer Kneipe auffallend zu benehmen, wo der Wirt eine gewisse Menschenkenntnis besaß.

»Ich wäre um ein Haar unter eine Straßenbahn gekommen...«, erklärte er. »Das hat mir einen ganz schönen Schock versetzt...«

»Vor einer Woche ist das genau hier vor dem Haus passiert... Da ist einer alten Frau der Kopf ganz vom Körper abgetrennt worden...«

Er war so nervös, daß er einen Augenblick lang schon dachte, der andere machte das absichtlich und alle Welt wüßte schon von dem Mord an Constance.

Er hatte vergessen, sich, als er aus dem Haus kam, umzusehen, ob man ihm eine Falle stellte, was sehr gut möglich war. Er warf jetzt einen Blick hinaus, entdeckte aber keine verdächtige Gestalt.

»Ist der Rum wenigstens gut?«

»Sehr gut ... Danke ... Noch einen ...«

Er stürzte ihn hinunter, wischte sich den Mund ab.

»Wieviel schulde ich Ihnen?«

Er ging noch immer in entgegengesetzter Richtung zur Villa Carnot weiter, erschauderte, als er am Gerichtsgebäude vorüberkam, das menschenleer war wie auf einer Ansichtskarte.

In einer kleinen schattigen Straße setzte er sich dann endlich neben einem Gemüseladen und kaum einen Meter von einem Rosmarinbüschel entfernt an ein Cafétischchen und versuchte, sich zu beruhigen.

Natürlich hatte Gène das Ding gedreht! Daran zweifelte er nicht. Er glaubte sogar, daß dies als Schlag gegen ihn gemünzt war. Es war doch klar, daß man bei der Entdeckung von Constances Leiche sofort an ihn, an Petit Louis denken würde, der mit ihr zusammengelebt hatte.

Warum war er nur so schnell geflohen. Er hätte sich umsehen und sich vergewissern müssen, daß es da keine Indizien gab, er hätte besser nachdenken müssen.

Er fuhr hoch, so heftig war die Erschütterung. Er tastete seine Taschen ab und tatsächlich, er hatte seinen Schlüssel dort an der Wohnungstür stecken lassen! Jede Nachbarin konnte einfach eintreten! Man würde feststellen, daß es sein Schlüssel war, daß er seine Fingerabdrücke trug ...

Er mußte sofort in die Villa Carnot zurück! Aber

bevor noch sein Glas leer war, hatte er es sich anders überlegt.

Nun begannen die furchtbaren Stunden. Unwillkürlich schlich er an den Hauswänden entlang. Wenn er es merkte, ging er eine Weile etwas normaler, während er die Runde durch alle Kneipen machte, in denen die Chance bestand, Louise zu treffen, aber er wagte es nicht, sich nach ihr zu erkundigen.

Drei oder vier Mal im Laufe des Tages näherte er sich der Villa Carnot bis auf dreihundert Meter und war nun fast sicher, daß das Haus nicht überwacht wurde.

Im übrigen hätte man ja wohl, wenn das Verbrechen entdeckt worden wäre, die Leiche bei dieser Hitze nicht in dem Zimmer gelassen!

Er überlegte immer wieder hin und her, bis sein Kopf dröhnte. Er stellte alle Überlegungen immer wieder von vorne an und kam jedesmal zu einem anderen Schluß, nur an einer Tatsache kam er nicht vorbei: er hatte nur noch zweiundneunzig Francs fünfzig in der Tasche!

Er hätte nicht zu sagen vermocht, ob der Tag besonders heiß war oder ob nur er so in Hitze geriet. Es war wohl irgendein Feiertag, denn an bestimmten Fenstern hingen Fahnen und er begegnete einer Blaskapelle. Vielleicht war Sonntag?

Mindestens dreimal war er nahe daran, einfach zur Sicherheitspolizei zu gehen und die Wahrheit zu gestehen, oder vielmehr, er sagte sich, daß er das tun könnte, daß nichts ihn daran hinderte, daß er alle Freiheit besaß, ja vollkommene Freiheit, dies zu tun.

Er preßte es wütend zwischen den Zähnen hervor, stellte sich vor, wie er es Gène und Charlie ins Gesicht schreien würde und meinte dann schon wieder, ihr erbarmungslos verächtliches Grinsen zu sehen.

Er wußte genau, daß er nicht zur Sicherheitspolizei gehen würde. Er würde nicht hingehen, weil er eben nicht hingehen konnte, irgend etwas würde ihn immer daran hindern, etwas, das zugleich Bewunderung und Angst, aber auch Respekt war.

Daß *sie* nach allem noch *das* gemacht hatten, einfach so, eiskalt, um ihn zu verhöhnen ...

Und daß sie ihm vielleicht irgendwo auflauerten, während er immer engere Kreise um das Haus zog und dabei alle Kneipen aufsuchte und Rum trank, was ihm einen immer fataleren und sarkastischeren Blick verlieh ...

»Vor allem«, stieß er aus, »würde man mir ja nicht glauben, keiner würde mir glauben ...«

Verfolgt von dieser Geschichte mit den Fingerabdrücken, vernichtet von der bedrohlichen Allmacht der Marseiller, dachte er erbittert und verbissen alles immer wieder neu durch.

Auf jeden Fall mußte er die Nacht abwarten und das bedeutete noch mehr Gläschen Rum und noch mehr Herumlaufen auf den Trottoirs.

## 7

Später würden dann Leute mit staatlich geprüfter Intelligenz in ernstem Ton von vorsätzlicher Tötung sprechen, als hätte das irgend etwas mit seinem Fall zu tun gehabt. Die Handschuhe nämlich hatten zu dieser Anklage geführt. Also die waren ihm plötzlich gegen acht Uhr eingefallen, als die meisten Geschäfte schon geschlossen hatten, er bekam dann keine Gummihandschuhe mehr, sondern konnte nur in einem Lädchen bei zwei alten Fräuleins – die auch Regenschirme führten – ganz gewöhnliche braune Lederhandschuhe kaufen.

Durch etwas anderes kam es zu einem Zwischenfall bei der Verhandlung. Das war, als sein Anwalt ausrief:

»Wenn Louis Bert (denn man verlieh ihm dann seinen Namen wieder, den er fast nie gebraucht hatte, schon in der Schule hatte man ihn einfach Petit Louis genannt) – wenn Louis Bert nicht als einziger in seinem Regiment fähig gewesen wäre, halbe Ochsen zu schleppen und wegen seiner Körperkräfte nicht der Metzgerei zugeteilt worden wäre, obwohl er doch von Beruf Tischler war, dann hätte er auch nicht gelernt, wie man zerlegt, und sich daher auch nie ...«

Worauf der Staatsanwalt, ein kleiner Herr mit rosigem Gesicht, seidig weißen Haaren und einem Schnurrbart wie Anführungszeichen, wie der Teufel aus der Kiste hochfuhr und vielleicht sogar ehrlich empört schrie:

»Warum sagen Sie nicht gleich, daß die französische Armee schuld ist am grauenhaften Mord ...«

Und dieselben Leute, aber auch noch andere, viele andere, stritten dann lange über den Grad seiner Zurechnungsfähigkeit.

Hätten sie nicht jetzt da sein sollen, jetzt da Petit Louis, der es ja an sich hätte besser wissen müssen als jeder andere, ganz und gar unfähig war zu sagen, was er eigentlich seit zwei Tagen dachte? Was war ihm auch nur seit drei Uhr nachmittags alles durch den Kopf gegangen? Dazu kam die Wirkung des Rums, der ihn nicht betrunken machte, sondern ihn immer mehr in ein Opfer verwandelte, in ein verängstigtes Insekt, das in einer Riesenhand saß.

Und dann all das, was die Leute nie würden begreifen können, wie etwa seine Reaktion am Morgen oder vielmehr seine nicht erfolgte Reaktion. Denn, als er die Leiche Constances entdeckte, dachte er als erstes an die Scherereien, dann war er geflohen, weil er Angst vor Verhaftung hatte und schließlich hatte er doch auch Pech gehabt, daß Louise ausgerechnet jetzt nicht da war.

Denn er hatte Angst vor der Einsamkeit. Über diese Aussage lachten die Geschworenen dann, dabei stimmte sie genau. Einsamkeit war ihm unerträglich und doch war er immer allein gewesen! Die arme Frau traf vielleicht gar keine Schuld, aber seine Mutter war nie eine Mutter wie die anderen gewesen, und er erinnerte sich sehr gut, daß er noch keine fünf Jahre alt war – was konnte er da schon Schlimmes angestellt haben? – als sie einmal ganz pathetisch zu ihm sagte:

»Du bist der Fluch meines Lebens!«

Der Bürgermeister von Le Farlet, ein Schlosser, konnte ihn nicht leiden und hatte dem Feldhüter besondere Anweisung erteilt, ihn streng zu behandeln.

Und so war es immer weiter gegangen ... Leute, die ihn noch weniger verstanden hatten als die anderen, waren dann die aus Marseille gewesen, Gène und Kompanie, sie begriffen einfach nicht, daß Petit Louis bei ihnen Anschluß suchte, weil er eben auch irgendwo dazu gehören wollte.

Und Liebe hieß für Petit Louis nie, die eine oder die andere Frau zu besitzen, sondern eben einfach zu zweit zu sein!

»Basta!« sagte er immer, wenn er einen unangenehmen Gedanken verjagen wollte.

Doch an diesem Tag hätte er unentwegt immer nur »basta!« sagen können!

Am quälendsten war, daß er einen Gedanken noch nicht zu Ende gedacht hatte und sich schon ein anderer, noch unangenehmerer aufdrängte, und bei all dem gingen diese Leute ringsum einfach blöde ihrem Alltag nach und hatten keine Ahnung, sondern gingen mit ihren ausdruckslosen Gesichtern durch die Straßen.

Wenn er jetzt sofort losführe, könnte er doch vielleicht noch die italienische Grenze erreichen? Mußte er denn diesen Schlüssel mit den Fingerabdrücken unbedingt holen? Ob Gène und die anderen auf das Geld der Alten ausgewesen waren? Ob sie es gefunden hatten? Ob sie Louise mitgenommen hatten? Ob ...?

Die Geschehnisse wurden immer unwirklicher, mit schwerem Kopf dachte er nach wie in einem Alptraum und kehrte immer wieder zu seinem Ausgangspunkt zurück, versuchte, kühl zu bleiben und sich nicht beeindrucken zu lassen, und er zuckte nur mit den Achseln, wenn er plötzlich ein ungewöhnlich sanftmütiges Gesicht vor sich schweben sah.

Unabänderliche Tatsache war, daß es da einen Schlüssel an einer Tür gab, eine Leiche, Blut...

Er fand Lösungen, verwarf sie wieder, kam auf irgendein Detail, das er nicht bedacht hatte, wie etwa, daß er Handschuhe brauchte, erinnerte sich an ein großes Tranchiermesser in der Tischschublade der Küche.

Auf dem Spiegelschrank im Schlafzimmer hatte er oft einen ziemlich großen Koffer gesehen, Constance hatte ihm erzählt, sie habe ihn im vorigen Winter für den Wintersport gekauft.

Details wie dieses kamen ihm hunderterlei in den Sinn, tausend andere drängten sich ihm auf, und er versuchte, sie einzuordnen.

Wie auch den Empfangsschein für den Nerzmantel... Er wußte, wo er sich befand... Er überlegte, ob auch Louise es wußte... Denn wenn Louise es wußte, hatte sie ihn wahrscheinlich mitgenommen...

Er aß nicht zu Abend. Er wartete bis halb zehn, länger nicht, dann betrat er die Villa und stieg die Treppe hinauf wie ein Mieter, der nach Hause kommt und war ein Mann wie alle anderen.

Die Polizei hätte da sein können, um ihn in die Falle zu locken, aber sie war nicht da, der Hausflur war menschenleer.

Er zog seine Handschuhe an, berührte den Schlüssel, und im gleichen Augenblick ging die Tür der

Nachbarwohnung auf, Niuta erschien, sie stand im Gegenlicht, so daß er ihr Gesicht nur verschwommen sah.

»Sie sind es ...«, sagte sie.

Und da ihm keine Antwort einfiel, murmelte sie, während sie die Tür wieder schloß:

»Ich dachte, nach dem Streit wären Sie für immer weg ...«

Eine weitere Sorge! Um was für einen Streit ging es hier? Hatte sich Constance gegen ihren Mörder gewehrt und hatten die Nachbarn Lärm gehört?

Eines Tages würde man des langen über seine ungeheuerliche Beherrschtheit reden. Was hätte Petit Louis auch sagen sollen! Er tat, was seiner Meinung nach getan werden mußte. Und Tatsache ist, daß er nichts dem Zufall überließ, daß er bis zum Ende einen kühlen Kopf behielt und auf eine gleichzeitig bewußte und unbewußte Weise alles bis ins einzelne peinlich genau durchführte.

Als er die erste Hälfte der Leiche im Koffer wegbrachte, dachte er zum Beispiel daran, sie in eine Decke zu wickeln und wartete noch eine halbe Stunde bis nach dem Ende der Kinovorstellung ab.

Zunächst hatte er überlegt, seine Last einfach ins Meer zu werfen, zum Beispiel ganz am Ende der Promenade des Anglais. Aber es ging kein Wind, es gab keine Dünung, man hätte sie also wahrscheinlich schon am nächsten Tag gefunden.

Da ging er lieber zum Hafen, er wußte, daß das Wasser dort tief war, denn auch die großen Schiffe legten am Kai an.

Da er nur einen einzigen Koffer hatte, mußte er ihn

ausleeren, denn er brauchte ihn auch für den zweiten Transport.

Beide Male hängte er einen schweren Stein an das Paket, wie man es bei Hunden macht. Es war fast vier Uhr früh, als er in die Villa Carnot zurückkehrte, und als er sich dann in der Wohnung befand, mußte er sich eine Weile hinsetzen, denn er war ganz erschöpft.

Mechanisch steckte er eine Zigarette an, schenkte sich etwas zu trinken ein und dachte:

»Ich darf auf keinen Fall einschlafen!«

Er öffnete das Fenster, um durch die frische Luft zu sich zu kommen.

Und dann machte er sich mit solchem Eifer ans Werk, daß man von oben auf den Fußboden klopfte, weil er zu laut war.

Er wusch alles, brachte alles in Ordnung, merzte verbissen auch die kleinsten Spuren aus, ohne die Marseiller dabei auch nur einen Augenblick zu vergessen. Er fand zwar kein Geld und nicht ein einziges Schmuckstück, dafür aber Constance Ropiquets Papiere, die er nun mit seiner Wäsche, seinen Anzügen und Krawatten in seinem eigenen Koffer verstaute.

Was ihn am meisten ärgerte, denn ärgern konnte er sich noch, war immer noch Louises Verschwinden. Er vermutete dahinter die teuflische Absicht Gènes, ihn allein zu lassen, vollkommen allein, so daß ihm gar keine andere Wahl mehr blieb, als beschämt zu fliehen.

Nun besaß er aber nach dem Kauf der Handschuhe nur noch fünfzig Francs!

Er setzte sich ans Fenster, um zu warten, sah hin und wieder auf die Uhr, die Constance für ihn bezahlt hatte.

Punkt sechs Uhr, als die ersten Fenster in diesem Wohnviertel aufgemacht wurden, ging er hinunter, holte an der nächsten Kreuzung ein Taxi, ließ es vor dem Haus vorfahren und wies den Fahrer an:

»Lassen Sie den Motor laufen ...«

Seine ganze Komödie war genau vorbereitet. Er ging die Treppe hinauf, kam mit großem Getöse und mit seinem Koffer in der Hand wieder herab, machte die Haustür auf und klopfte schließlich an die Tür der Concierge.

»Madame Solti! ... Madame Solti! ... Einen Augenblick, bitte ...«

Er wußte, daß sie schlief und daß sie ganz verschlafen und durcheinander sein würde. Als sie das verglaste Guckloch aufmachte, hörte sie natürlich den brummenden Motor und sah Petit Louis mit seinem Koffer.

»Fahren Sie weg?«

»Ja, Madame d'Orval und ich fahren weg ... Sie sitzt schon im Wagen ... Wir fahren zuerst nach Paris, dann wahrscheinlich nach Holland ... Die Wohnung ist abgeschlossen ... Sollten wir nicht rechtzeitig zurück sein, schicken wir Ihnen die Miete ...«

Sie nahm alles zur Kenntnis, kam aber nicht über die Türschwelle und mußte also annehmen, daß ihre Mieterin im Auto saß.

»Zum Bahnhof!« warf Petit Louis dem Chauffeur zu.

Er ließ die Trennscheibe herab und erklärte:

»Beeilen Sie sich! Meine Freundin ist schon vorausgefahren, um das große Gepäck aufzugeben ...«

Am Bahnhof bezahlte er mit seinem letzten Fünfzigfrancschein, und der Zufall wollte es, daß der Chauffeur nicht herausgeben konnte. Er mußte also in eine Kneipe gehen, während Petit Louis auf dem Gehsteig wartete.

»Hier! Elf Francs fünfundsiebzig und der Koffer...«

Die Sonne schien leuchtend, der Bahnhof war belebt, weil gleichzeitig zwei Züge einfuhren. Petit Louis streifte zehn Minuten lang herum, mischte sich unter die Passagiere, gelangte dann durch die Unterführung wieder in die Stadt.

Seine erste Sorge war, seinen Koffer in einer Kneipe abzustellen, um Bewegungsfreiheit zu haben. Er behielt nur einige Ausweise Constances bei sich, darunter die Empfangsbescheinigung für den Pelzmantel, die er dann eine Stunde später bei der Firma vorzeigte, die den Mantel über den Sommer aufbewahrt hatte.

Er befürchtete, daß man ihm Schwierigkeiten machen würde. Aber man streckte ihm nur eine Quittung entgegen, die er nicht mit seinem eigenen Namen unterschrieb, sondern mit dem erstbesten Namen, der ihm einfiel: Mariani.

Er fühlte seine Müdigkeit noch nicht, auch keine Gewissensbisse oder Angst, denn er war nur so sehr von dem Gedanken erfüllt, unbedingt schnell Geld auftreiben zu müssen, um aus Nizza fliehen zu können, wo die Polizei ein Auge auf ihn hatte.

Es war kurz nach elf, als er mit seiner Schachtel, in der sich der Pelz befand, zum Städtischen Leihamt ging und dann an einer Straßenecke fast mit Niuta zusammenstieß, die auf dem Weg zu ihrem Unterricht war. Vor Überraschung brachte er kein Wort heraus und war sich sehr bewußt, daß er täppisch grüßte und die Haltung, in der er sich entfernte, gewiß nicht sehr natürlich wirkte.

Hätte er das junge Mädchen nicht bitten sollen, falls man sie danach fragte, zu erklären, ihn an diesem Tag nicht gesehen zu haben?

Er mußte alles bedenken, wirklich alles. Auf dem Leihamt warteten schon sechs Personen, und ihm wurde jetzt fast schwindlig, denn Müdigkeit und Schmerz überwältigten ihn plötzlich.

»Ich habe hier einen Pelzmantel ...«

Er versuchte, sich in der Gewalt zu behalten, denn die Müdigkeit hatte ihm jetzt einen ganz verbissenen Ausdruck verliehen, der verdächtig wirken konnte.

»Haben Sie einen Ausweis?«

»Hier ist der Ausweis meiner Freundin, der dieser Mantel gehört.«

Nun hatte er einen Fehler gemacht! Tatsächlich schrieb der Angestellte, nachdem er den Pelzmantel geschätzt und zehntausend Francs als Pfand angeboten hatte, Namen und Adresse auf und sagte:

»Wir schicken der Dame einen Scheck nach Hause.«

»Mit der Post?«

»Mit der Post, warum?«

Petit Louis war so niedergeschlagen, daß er beschloß, schlafen zu gehen und suchte ganz mechanisch jenes kleine Hotel an der Californie auf, in dem er Louise nach ihrer Ankunft in Nizza untergebracht hatte.

Dort erkannte man ihn wieder und fragte ihn:

»Ist Ihre Freundin abgereist?«

»Sie ist für ein paar Tage verreist.«

Er fand das eiserne Bettgestell, die Waschschüssel mit Schmutzrand und das Zahnputzglas wieder vor, das ein ehemaliges Senfglas war.

Er schlief mit heftigen Kopfschmerzen ein und wachte erst mitten in der Nacht wieder auf, danach brauchte er über eine Stunde, um wieder einzuschlafen.

Später wurde er dann von hochrangigen Persönlichkeiten, die ihn streng unter die Lupe nahmen, gefragt:

»Und während Sie auf diese Weise die ganze Hinterlassenschaft auflösten, wurden Sie nie von Erinnerungen an die Tote verfolgt?«

Nein! Ganz bestimmt nicht! Er dachte nicht einmal an sie, hatte er doch genug andere Sorgen. Als er zum Beispiel die Concierge der Villa Carnot anrief, sprach er wie aus weiter Ferne:

»Madame Solti? Ich rufe aus Lyon an ... Hier ist Petit Louis ... Ja, Madame d'Orval und ich sind gut angekommen ... Aber heute oder morgen wird bei Ihnen ein wichtiger Brief für meine Freundin eintreffen, wahrscheinlich per Einschreiben ... Unterschreiben Sie wie gewöhnlich ... Ich hole ihn dann in ein paar Tagen ab ...«

Er hatte beschlossen, in seinem kleinen Hotel zu bleiben, wohin er auch seinen Koffer gebracht hatte. Er besaß nur noch dreißig Francs, die nach einem schlechten Mittagessen auf fünfzehn zusammengeschmolzen waren. Er wußte nun schon, daß man ihm für seine Uhr, wenn er sie verkaufen wollte, das Geld nicht gleich auszahlen, sondern es den Vorschriften entsprechend mit der Post schicken würde.

Es waren ja gerade diese Vorschriften, all diese enttäuschenden Gelddinge, die sein Leben so schwierig gestalteten und ihn ganz in Anspruch nahmen. Zwei Stunden lang studierte er in seinem Zimmer Constances Papiere, er mußte sich dabei anstrengen wie einst in der Schule, denn er verstand nicht viel von diesen Geschichten mit Inhaberpapieren, Leibrenten usw.

Genau wußte er nur, daß seine Freundin jeden Monat von einem Notar in Orléans fünftausend Francs erhielt, und an diesen schrieb er nun einen langen Brief.

*Sehr geehrter Herr…,*

*Sie werden sich vielleicht wundern, meine Handschrift nicht zu erkennen. Ich bin auf der Landstraße nach Monte Carlo Opfer eines Autounfalls geworden, durch den mein rechter Arm bewegungsunfähig ist, was mich zu einer ziemlich kostspieligen Operation zwingt. Mein Krankenpfleger schreibt diesen Brief für mich, mit dem ich Sie bitte, mir telegraphisch zwei Monatsraten, also zehntausend Francs, zu überweisen. Schicken Sie mir die Postanweisung postlagernd nach Menton, da ich nicht weiß, in welchem Krankenhaus hier in dieser Gegend ich mich operieren lassen werde.*

*Mit bestem Dank im voraus, verbleibe ich …*

Mit tiefgefurchter Stirn und immer wieder mit der Zunge seine Lippen befeuchtend, fing er den Brief dreimal von vorne an und wünschte Louise herbei, damit sie ihm gesagt hätte, ob er Fehler machte, denn sie hatte eine bessere Schulbildung als er.

Da er kein sauberes Papier besaß, ging er los, um ein

paar Blatt zu kaufen, er wählte blaßblaues mit silberner Umrandung. Er zauderte eine Weile, ob er noch einen zweiten Brief schreiben sollte, sagte sich aber dann, daß er die Gelegenheit nutzen mußte, bevor es zu spät war.

Er brauchte den ersten Brief nur mehr oder weniger abzuschreiben:

*Sie werden sich vielleicht wundern, meine Handschrift nicht zu erkennen, aber...* usw.

Mit diesem Brief, der an Monsieur Parpin gerichtet war, erbat er ebenfalls zehntausend Francs für die Operationskosten.

*...Besuchen Sie mich vorerst auf keinen Fall, denn die Angehörigen meines Mannes haben sich an meinem Krankenlager versammelt, und sie dürfen auf keinen Fall Verdacht schöpfen, was unsere Beziehung betrifft... Ich diktiere diesen Brief meinem Krankenpfleger, der sehr nett ist und...*

Rein zufällig war ihm die Zahl zehntausend zweimal in die Feder geflossen. Im Leihamt hatte man ihm zehntausend Francs für den Mantel geboten, und so blieb er bei diesem Betrag und rechnete sich aus, daß er, wenn alles gelänge, über die runde Summe von dreißigtausend Francs verfügen würde.

Dann würde er ins Ausland gehen, vielleicht nach Südamerika, davon träumte er seit langem.

Er bedauerte nur eines: daß Louise nicht mit ihm gehen würde.

Nachdem er am Abend die Briefe aufgegeben und etwas gegessen hatte, besaß er nur noch fünf Sous. Er ging gerade auf der Mole spazieren, als er zwei ältere Frauen sah, die wahrscheinlich aus dem Theater oder aus dem Kasino kamen. Sie gingen eingehängt und ganz langsam. Petit Louis kam auf eine Idee, die er im gleichen Augenblick auch schon verwirklichte. Er ging rasch an den beiden Frauen vorüber, entriß der einen ihre Handtasche und lief davon. Zehn Minuten später, inzwischen befand er sich in einem Gewirr enger Gassen, blieb er unter einer Gaslaterne stehen und sah nach, was in der Tasche war.

Die Ausbeute war gering! Drei Hundertfrancscheine, eine Christopherus-Medaille, Lippenstift und ein grüngesäumtes Taschentuch. Außerdem ein Brief in zarter Handschrift, der so begann:

*Meine liebe Angèle ...*

Er war nicht so neugierig, ihn zu lesen, und nachdem er die dreihundert Francs und die Medaille eingesteckt hatte, warf er die Tasche ins Meer.

Auch über diese Medaille würde eines Tages noch gesprochen werden und einige Unruhe im Saal entstehen, als der Staatsanwalt dann voller Ironie sagte:

»Sie haben wohl gehofft, der heilige Christopherus würde Sie vor der gerechten Strafe bewahren?«

Weit gefehlt! Er hoffte auf nichts und niemanden, weder auf Heilige noch auf Menschen. Er war nur einfach zu abergläubisch, um einen Heiligen ins Meer zu werfen.

Die Schwierigkeiten nahmen kein Ende. Als er sich am nächsten Tag in der Villa Carnot einfand, hatte die Concierge den Brief vom Leihamt mit dem Scheck zwar erhalten, aber es war ein Verrechnungsscheck. Petit Louis versuchte, ihn bei zwei Banken einzulösen, doch es gelang ihm nicht, so betrat er schließlich ein Juweliergeschäft, wählte einen Siegelring mit einem Brillanten aus, der fünftausendfünfhundert Francs kostete und hielt zum Zahlen seinen Scheck hin.

Die Miene des Juweliers verfinsterte sich, da erklärte Petit Louis:

»Rufen Sie doch bei der Bank an oder schicken Sie jemanden hin. Sie werden sehen, daß er gedeckt ist...«

Sein Haß auf all die Barrieren, die ihm den Zugang zum Geld versperrten, wuchs immer mehr. Erst um drei Uhr nachmittags händigte man ihm seinen Ring und die viertausendfünfhundert Francs Wechselgeld aus. Er hatte den Scheck natürlich mit dem Namen Constance Ropiquets indossiert, deren Unterschrift er nachzuahmen verstand. Diese Unterschrift schien übrigens darauf hinzuweisen, daß sie in der Schule nicht viel erfolgreicher gewesen war als Petit Louis.

In Menton lief es auch nicht einfacher. Weshalb er gerade Menton gewählt hatte, wußte er selber nicht. Das heißt, er erinnerte sich an diese Stadt besser als an andere, weil er hier einmal einen Abend in einem Bordell verbracht hatte. Und was er nun brauchte, war genau...

Auf dem Postamt hatte man sich nur herabgelassen, ihm mitzuteilen, daß etwas für Madame Ropiquet eingetroffen sei, doch müsse sie persönlich erscheinen.

Petit Louis suchte also jenes Bordell auf und entschied sich für die Frau, die ihm am fügsamsten erschien. Er bestellte Schaumwein. Sie unterhielten sich.

»Möchtest du dir einen Fünfhunderter verdienen?«

Sie biß an! Am nächsten Morgen gab er ihr den Personalausweis Constances und ging mit ihr aufs Postamt. Zwar war auf dem Ausweis eine Fotografie abgebildet, aber da Madame Ropiquet ein ganz altes Foto gewählt hatte, war das Hindernis nicht groß.

Der Notar hatte ebenso angebissen wie auch schon das Leihamt. Er überwies die zehntausend Francs verbunden mit Genesungswünschen und der Ankündigung seines voraussichtlichen Besuchs in Nizza im nächsten Monat.

Petit Louis zahlte die versprochenen fünfhundert Francs.

»Du hast mich da doch hoffentlich nicht in eine dreckige Geschichte hineingezogen?« fragte die Frau im letzten Augenblick.

Er zuckte nur mit der Achsel.

*Meine liebe Freundin,*

*mit Tränen in den Augen las ich Ihren Brief und die tragische Nachricht, und ...*

Es folgte eine Seite voller Zärtlichkeiten und Ratschläge:

*... vor allem, da die Gelenke in unserem Alter ...*

Und schließlich hieß es:

*Sie wissen, wie rührend meine Kinder für mich sorgen, das geht sogar so weit, daß sie mir alle finanziellen Probleme abnehmen wollen ... Mein Schwiegersohn nimmt meine Rente persönlich in Empfang und steckt dieses Geld automatisch in sein Geschäft, an dem ich beteiligt bin ...*

*Ich bekomme, genau wie ein Student, nur hundert oder zweihundert Francs auf die Hand. Zum Glück habe ich aber doch einen kleinen Betrag beiseite gelegt, von dem die anderen nichts wissen. Er ist nicht hoch. Ich nehme die fünftausend Francs, die ich Ihnen anliegend schicke, von dieser Reserve ...*

Es folgten zwei weitere Seiten voller genauer Ratschläge: was sie essen, was sie trinken sollte, daß sie nicht zu viel im Bett lesen, den Chirurgen mißtrauen und sich von dieser ganzen Familie nicht vereinnahmen lassen sollte, die ...

*... Ich hoffe, daß Ihr Neffe und Ihre Nichte, die beide so sympathisch sind, Ihnen beistehen werden ...*

Zum erstenmal in seinem Leben hatte Petit Louis nun fast fünfundzwanzigtausend Francs in der Tasche!

## 8

Er ahnte nicht, daß es bereits gar keine Rolle mehr spielte, was er von nun an unternahm, da ihm sozusagen nur noch eine Gnadenfrist vergönnt war, weil das Schicksal gerade keine Zeit für ihn hatte, es ließ ihm die Zügel einen Augenblick lang locker, da es ihn ohnehin fest in der Hand hatte.

Petit Louis ahnte es nicht, obwohl es ihm, so sehr er sich auch bemühte, nicht gelang, eine gewisse Beklemmung abzuschütteln, die er nicht genau bestimmen konnte, es war weder schlechtes Gewissen noch Angst oder sonst irgend etwas, das er kannte, aber es vergällte ihm alles, nahm seinem Leben die Würze und verdarb ihm die kleinen täglichen Freuden, die er sich nun gönnte.

Denn er verwöhnte sich, wie man ein Kind oder einen Kranken verwöhnt; er sagte sich:

»Du hast lange genug die Kleider der anderen aufgetragen und davon geträumt, gut angezogen zu sein, jetzt kannst du dir den Luxus eines neuen Anzugs erlauben!«

So hatte er in Cannes im Vorübergehen einen Anzug gekauft, aber nicht so einen gewöhnlichen, wie ihn die Jungen an der Küste trugen, sondern ein Kleidungsstück wie für Sommergäste aus einem Luxusgeschäft an der Croisette. Er hatte auch dazu passende Schuhe gekauft! Und Hemden! Und Krawatten!

Als er eines Morgens an der Tour Fondue das Boot zur Insel Porquerolles bestieg und dann wie eine Galionsfigur am Bug des weißen Schiffes stand, fühlte er die neidischen Blicke der dunkelgekleideten jungen Leute und versuchte sich immer wieder zu sagen:

»Seit ich hier an der Küste lebe, habe ich von Porquerolles geträumt und nie Gelegenheit gehabt, dorthin zu fahren ... Und jetzt komme ich mit einer Menge Geld in der Tasche, einem Diamantring und wie ein Reicher gekleidet dort an ...«

Er sah die kleine gelbe Kirche und die rosa Dächer des Dorfes inmitten des Grüns vor sich. Er sah auch das Seegras am Grund des klaren Wassers, aber es gelang ihm nicht, sich angemessen zu freuen.

Vielleicht lag das vor allem daran, daß er eine Spielermentalität entwickelt hatte. Mit den fünfundzwanzigtausend Francs, die er zusammenbekommen hatte, hätte er doch die Gelegenheit nutzen und das erste Schiff nach Südamerika besteigen können, um dort erst einmal alles abzuwarten.

Aber gerade weil ihm das Geld so leicht zugefallen war, konnte er nicht genug bekommen. Da Constance nun einmal tot war und zwar mausetot!, und nachdem er nun einmal all das getan hatte, war es doch schade, einfach alles so aufzugeben!

Er hatte mindestens zwei Monate Zeit. Die Concierge war ja informiert und würde sich wegen der Abwesenheit ihrer Mieterin keine Gedanken machen, warum sollte diese nicht einmal verreist sein wie andere Leute?

Anfangs hatte er erwogen, nach Paris zu gehen. Er war nie über Lyon hinausgekommen und hatte sich jedesmal, wenn er weiter nördlich als Avignon oder höchstens Montélimar gewesen war, das ihm wie eine Grenze erschien, wie in der Fremde gefühlt.

So hatte er sich für Porquerolles entschieden, wo keine Gefahr bestand, Gènes Freunden zu begegnen und wo sich auch die Polizei nicht um ihn kümmern würde.

Er ging von Bord. Inmitten des Touristenstroms überquerte er den von niederen bunten Häusern umstandenen Platz, zögerte vor einem allzu luxuriösen Hotel, in das Engländer eintraten, und ließ sich schließlich in einem Gasthaus nieder, das seinem Geschmack entsprach, denn es hatte eine Theke, einen Spielautomaten in einer Ecke und ein elektrisches Klavier, das abends zum Tanz mit den Dorfschönen aufspielte.

Äußerlich wirkte er so gelassen und selbstsicher wie auch damals vor dem Postamt in Le Lavandou, als er Constance Ropiquet so beeindruckte.

Aber eben nur äußerlich. Das schwebende Gefühl jenes Tages, da er sich wie ein junger Gott gefühlt und geglaubt hatte, sich alles erlauben zu dürfen, diese ungezwungene selbstsichere Art aufzutreten und zu denken, hatte er danach nie mehr gehabt. Es war seine Sternstunde gewesen, die sich ihm unbewußt so tief ins Gedächtnis eingegraben hatte, daß er noch immer ganz genau hätte sagen können, an welcher Stelle die kleinen Trikolore-Fahnen hingen und wie die Palmen am Musikpavillon gruppiert waren!

Was ihn jetzt so enttäuschte, war eine Art Leere um ihn, die aber vielleicht in Wirklichkeit in ihm war? Er unternahm alles mögliche, hätte es aber ebensogut lassen können, denn es schien nicht die geringste Bedeutung zu haben.

So las er zum Beispiel die ganze Korrespondenz, die er in Constances Zimmer gefunden hatte, und beschloß dann nach gründlichem Nachdenken, ein großes Ding zu wagen. Er hatte nämlich einen Brief des Notars von Orléans gefunden, in dem es hieß:

*... Monsieur Robin, dem bereits der Gutshof Loup-Pendu gehört, ist dringend am Kauf Ihres Hauses in Ingrannes interessiert und hat diese Woche hundertfünfzigtausend Francs dafür geboten ... Ich glaube, daß diese Summe ...*

Und in einem anderen Brief stand:

*... Sie sind nicht auf den Vorschlag Robins eingegangen, obwohl ...*

Zwei Tage lang schlenderte Petit Louis in seinem hellen Anzug und mit dem Strohhut auf dem Kopf über den Platz, sah bei einer Boulepartie zu, trank auf einer Caféterrasse einen Aperitif oder steckte zehn Sous in den Schlitz des Phonographen und dachte dabei doch immer nur über dieses eine Problem nach.

Schließlich fragte er seine Wirtin:

»Eine Schreibmaschine haben Sie wohl nicht?«

»Im Hotel ›Miramar‹ gibt es eine.«

»Ob ich die wohl leihen kann?«

Das Hotel ›Miramar‹ war jenes von Palmen umstandene Hotel, in dem er doch nicht gewagt hatte, abzusteigen. Er ging also nun hinein und erzählte eine komplizierte Geschichte, damit man ihm die Schreibmaschine für eine halbe Stunde zur Verfügung stellte.

Er brauchte aber dann länger, denn er tippte mit einem Finger, mußte die Buchstaben suchen, vergaß zu schalten oder schaltete gleich zweimal.

*Sehr geehrter Herr...*

*infolge meines Unfalls habe ich beschlossen, sehr bald einen Erholungsurlaub in Italien anzutreten, und da ich Geld brauche, habe ich an Robins Vorschlag gedacht. Sie können ihm, unter der Bedingung, daß dieser Verkauf gegen Barzahlung erfolgt, das Haus zum Preis von hundertfünfzigtausend Francs verkaufen. Ich bitte Sie, mir sofort einen Scheck nach Porquerolles zu schicken, wo ich mich gegenwärtig aufhalte.*

*Ich diktiere diesen Brief, da ich leider ganz und gar nicht wiederhergestellt bin. Aber ich kann meine Hand schon wieder ein wenig gebrauchen.*

*In Erwartung Ihrer Nachricht, verbleibe ich...*

Und er unterschrieb mit:

*Constance Ropiquet.*

Es schien eine ganz einfache Sache, aber er wußte ja nicht, wie Constance ihrem Sachwalter schrieb und wie man über bestimmte Dinge spricht, zum Beispiel über den Verkauf eines Hauses.

Er las mehrfach durch, was er geschrieben hatte, und warf den Brief nach längerem Zögern und nachdem er ihn eine Weile in der Schwebe gehalten hatte, in den Briefkasten. Er hatte die Adresse seines Hotels angegeben. Der Wirtin erklärte er:

»Ich erwarte meine Kusine hier, Constance Ropiquet, die in den nächsten Tagen eintreffen wird. Sollte irgendwelche Post für sie ankommen, können Sie sie ruhig mir übergeben.«

Er hatte nun gar nichts anderes mehr zu tun, als abzuwarten und sich die kleinen Freuden zu gönnen, die sich so boten. Er besaß die Mittel, jedermann beim Pokern oder Belotespiel herauszufordern, teure Runden auszugeben oder auf dem Platz herumzuspazieren und sich in seiner eleganten Aufmachung von der Dorfbevölkerung bewundern zu lassen.

Er wußte, daß man ihn beneidete, daß junge Leute versuchten, so zu gehen wie er und seine Art Boule zu spielen nachzuahmen. Die weiblichen Feriengäste drehten sich nach ihm um, vor allem etwas reifere Damen von der Art Constances.

Er tanzte, und er wurde allgemein als der beste Walzertänzer anerkannt.

Was fehlte ihm noch zu seinem Glück? Er versuchte, sich alte Wünsche zu erfüllen, von denen einige bis in seine Kindheit zurückreichten, es waren manchmal ganz ausgefallene Wünsche, wie zum Beispiel, nur noch Zigaretten mit Goldmundstück zu rauchen.

In der Mittagshitze streckte er sich manchmal halb auf der mit Englischleder bezogenen Bank an der Theke aus und plauderte, wenn er allein mit dem Serviermädchen war, träge und gefühlsselig.

Da sie seine Krawatten bewunderte, schenkte er ihr

drei Stück; dann versprach er ihr den gleichen Gürtel, wie er ihn selber trug, einen Gürtel aus Eidechsenleder, den er in Cannes gekauft hatte.

»Hast du tatsächlich keinen Verehrer?«

Sie ließ sich mit einem befriedigten Lächeln den Hof machen.

Was Petit Louis aber bei all dem insgeheim quälte, auch wenn er es sich selber nicht eingestehen wollte, war die Demütigung.

Er gab groß an! Er schnitt auf, suchte Eindruck zu machen, sich vor den Fischern und der Dorfjugend aufzuspielen, und konnte trotzdem den Gedanken nicht unterdrücken, daß er ein Feigling gewesen war!

Nicht daß er zu einem bestimmten Zeitpunkt hätte zur Polizei gehen und Gène anzeigen sollen! Das war offen gesagt nie in Frage gekommen, aus mehreren Gründen, vor allem aber schon deshalb nicht, weil man so etwas eben nicht machte. Nicht nur, weil das nicht korrekt gewesen wäre, sondern auch, weil Leute wie Gène, die sämtliche Loddel von Marseille und sogar auch Politiker und hochgestellte Persönlichkeiten auf ihrer Seite hatten, sich umgehend rächten.

Nein! Er hätte tun sollen, was die Pflicht jedes anständigen Mannes gewesen wäre, nämlich Gène in Marseille aufsuchen, ganz lässig die Bar ›Express‹ betreten, dem andern in die Augen sehen und eiskalt, aber drohend sagen:

»Ich verlange eine Erklärung von dir!«

Dabei hätte er natürlich die rechte Hand in der Rocktasche halten müssen, so daß sich der Stoff über dem Revolverlauf spannte.

Gène hätte natürlich versucht, Zeit zu gewinnen und Witze gerissen ...

Die anderen an den Tischen ringsum hätten sofort gemerkt, daß dies eine Abrechnung war ...

»Eine für Louise! ... Eine für die Alte! ... Eine für ...«

Sechs Kugeln! Eins, zwei, drei, vier, fünf, sechs. Das ganze Magazin durch die Tasche geleert, dann ein Satz nach draußen und eine atemberaubende Flucht durch die schmalen Gassen.

Und das hatte er nicht gemacht! Er konnte hier nur vor den Gassenjungen angeben und einem Serviermädchen nachlaufen, das so geschickt war, ihn immer nur in Atem zu halten, ohne ihm je etwas zu gewähren, und dabei lächelte e dann immer katzenfreundlich.

*... Sofort nach Erhalt Ihres Briefes habe ich Monsieur Robin mitgeteilt, daß Sie bereit sind, sein Angebot zu prüfen und ihn gebeten, in meiner Kanzlei vorzusprechen. Sobald ich Nachricht habe ...*

Man hatte ihm den an Constance Ropiquet adressierten Brief ohne weiteres ausgehändigt, und beim Anblick dieses Namens auf dem Umschlag beschlich ihn nun doch Melancholie. In dem dunklen Café, von wo aus man auf den Platz und die gelbe Kirche hinaussah, wehte ihn ein Hauch aus Nizza, aus jener Wohnung an, wo er ein so bequemes Leben geführt hatte, aus dem er nur durch Niutas Gesang jenseits der geblümten Tapete aufgestört wurde, während der Alte mit dem Holzkopf gegenüber an seiner ewig kalten Pfeife zog.

Er biß die Zähne zusammen, sein Haß auf Gène schmerzte um so mehr, als er genau wußte, daß er ihn nie entladen würde, daß er es nicht wagen würde, weil »sie« stärker waren und er Angst vor ihnen hatte.

Jeden Morgen, nachdem das Schiff gegen zehn angelegt hatte, während er gerade im Pyjama auf der Terrasse frühstückte, schlenderte er über den Platz und betrat den schmalen Laden des Zeitungshändlers, wo schon alle Leute versammelt waren und warteten, bis sie an die Reihe kamen.

Er kaufte immer den *Eclaireur*, wegen der Nachrichten aus Nizza, aber es stand nie etwas darin, was ihn betraf.

Es hätte ja auch eines großen Zufalls bedurft, damit ein Schiff mit seinem Anker eines der Pakete gehoben hätte ...

Und selbst wenn! Er wußte genau, daß man die Leiche nie hätte identifizieren können, daß das unmöglich war ... Besser, er dachte nicht an all das ... Nachdem sie nun einmal tot war! ... Es spielte also doch keine Rolle mehr ... Und dennoch ... Als er sich nach einem schweren Gegenstand umgesehen hatte und dann das Bügeleisen fand ...

Hätte er denn anders handeln können? ... Nachdem er nun einmal in das Triebwerk geraten war, mußte er da nicht bis zu Ende gehen? ... Hätte er sich denn blöde für ein Verbrechen schnappen lassen sollen, das er gar nicht begangen hatte, für das er aber mit der größten Wahrscheinlichkeit verurteilt worden wäre? ...

Das Beste war, einfach nicht mehr daran zu denken. Man darf mit solchen Erinnerungen nicht spielen wie mit einem kranken Zahn, da müßte man schon sehr lasterhaft sein, denn ehrlich gesagt, kann man hinterher überhaupt nicht mehr begreifen, wie man so etwas hatte tun können!

Es gelang ihm fast immer, die scheußlichen Bilder zu verjagen. Es fiel ihm jedenfalls leichter, als Gène und Louise zu vergessen, von der er nichts mehr gehört hatte und die wahrscheinlich ins Bordell zurückgekehrt war. Er las die vermischten Nachrichten, während er seinen kaltgewordenen Kaffee austrank. Dann machte er Toilette und pfiff dabei vor sich hin. Der ganze übrige Tag gehörte ihm, es waren klare, warme Tage in der kleinen Welt dieser kleinen Insel.

Er zählte die Tage nicht mehr. Er vergaß, daß seine Ferien ja nicht ewig dauern konnten. Er wartete ungeduldig auf die hundertfünfzigtausend Francs, die ihm ein Leben nach seinen Vorstellungen erlauben würden, vorerst lebte er ziellos, trank irgendwo ein Glas, ging auf dem Platz spazieren, machte eine Partie mit oder ließ den Phonographen spielen.

Eines Abends versuchte er, in das Zimmer des Serviermädchens einzudringen; doch er wurde abgewiesen, was nicht einmal unfreundlich geschah, aber es ärgerte ihn, denn schließlich hatte er schon fünfhundert Francs für das Mädchen ausgegeben. An jenem Tag war er lange in der Sonne gewesen und am nächsten Morgen erwachte er mit starken Kopfschmerzen.

Er hatte kein Vorgefühl. Er dachte keinen Augenblick daran, daß die Zeitungen auf dem Festland, das man gegenüber daliegen sah, ja schon um vier Uhr morgens erschienen waren.

Auf die Insel gelangten sie noch unverpackt erst mit dem weißen Schiff, das sich gemächlich näherte.

»Gut geschlafen?« fragte das Mädchen lachend.

Er schmollte und wandte achselzuckend den Kopf ab. Er sah Leute vorübergehen, die gerade gelandet waren, und wartete eine Weile, bis der Zeitungsverkäufer die Zeitungen sortiert hatte, danach las er zuerst einmal eine gute Viertelstunde lang die erste und die zweite Seite, bevor er zu den Lokalnachrichten aus Nizza kam.

*Rätselhaftes Verschwinden aus der Villa Carnot.*
*Die Polizei glaubt an ein bestialisches Verbrechen.*

Warum dachte er jetzt automatisch an das Bügeleisen? Er hätte doch an alles mögliche andere denken können und nicht gerade an dieses Detail. Aber er brauchte den Artikel gar nicht zu lesen, um genau zu wissen, daß das Bügeleisen die große Rolle spielen würde.

Dabei hatte er alle denkbaren Vorsichtsmaßnahmen getroffen. Er hatte, bevor er die Wohnung morgens um sechs verließ, zehnmal die Runde gemacht, um sich zu versichern, daß kein Indiz zurückgeblieben war.

Seither hatte er oft noch einmal alle Einzelheiten überlegt und sich immer wieder die gleiche Frage gestellt.

Und dann war ihm mit einem Schlag klar geworden, daß er das Bügeleisen vergessen hatte! Er sah es genau vor sich, er hatte es auf der unteren Ablage des Nachttischs stehen lassen, wo er es in der Absicht abgestellt hatte, es später wieder wegzunehmen. Das war im schrecklichsten Augenblick gewesen, als er dem Erbrechen nahe war und ans Fenster lief, um durchzuatmen.

Er blieb mit seiner Zeitung in der Hand sitzen ohne zu lesen, er sah nur das Weiße und das Schwarze, sah vor allem jenes elektrische Bügeleisen, während an einem Nebentisch eine junge Frau in kurzer Hose Butterbrot in eine Schale Schokolade tauchte.

Das Schönste war, daß Niuta alles in Gang gebracht hatte. Sie war am Vortag wie gewöhnlich gegen elf Uhr weggegangen. Eine halbe Stunde später hatte der Schweizer Arzt, der drei Türen weiter wohnte, die Concierge alarmiert.

»Da muß irgendwo ein Gashahn offen sein«, hatte er gesagt. »Sie sollten lieber nachsehen.«

Die Concierge war hinaufgegangen. Sie hatte an zwei oder drei Türen geklopft. Im Hausflur hatte sich ein kleiner Menschenauflauf gebildet, und jemand hatte auf gut Glück gesagt:

»Das ist wahrscheinlich bei Madame d'Orval. Ist sie immer noch verreist?«

»Sie kommt frühestens in ein, zwei Monaten zurück!« erklärte die Concierge.

Es herrschte eine gelockerte Atmosphäre. Man kostete den Zwischenfall aus.

»Haben Sie nicht einen zweiten Schlüssel zu der Wohnung?«

»Nein! Der junge Mann hat ihn mitgenommen.«

»Der Sekretär!« sagte eine dicke Dame mit flachsblondem Haar.

»Sollte man nicht den Schlosser rufen?«

Aber der Schweizer Arzt hatte sich zu dem Schloß hinuntergebeugt.

»Sieht genau so aus wie meines... Warten Sie, ich versuche es einmal mit meinem Schlüssel...«

Er hatte recht. Niemand hatte bis jetzt bemerkt, daß ein gutes Dutzend Wohnungen in diesem Haus die gleichen Schlösser hatten.

Die kleine Gruppe trat ein.

»Wie merkwürdig das riecht!«

»Verdammt ungelüftet! Aber es riecht nicht nach Gas...«

Man ließ sich die Gelegenheit nicht entgehen, die Wohnung zu erkunden.

»Finden Sie nicht, daß das hier größer ist als bei uns? Ich dachte, alle Wohnungen seien gleich...«

»Nicht ganz, wegen der Loggias...«

»Haben die beiden im gleichen Zimmer geschlafen?«

»Nein, nein! Dahinter gibt es noch ein kleines Schlafzimmer...«

Sie wollten schon wieder hinausgehen, um anderswo nachzusehen, wo Gas ausströmte. Die Concierge stieß gegen eine Steckdose und bückte sich. In der Steckdose hing ein Kabel. Am anderen Ende des Kabels befand sich das Bügeleisen, das sie nun ergriff, um es an eine andere Stelle zu setzen.

»Sieht aus wie Haare«, bemerkte sie.

Sie verzog angeekelt das Gesicht, denn das Bügeleisen war mit einer dunklen Schicht bedeckt, an der Haare klebten.

»Was haben Sie gesagt?«

»Ich sagte, sieht aus wie...«

Der Schweizer Arzt, nicht weniger auf Klatsch aus als die anderen, beugte sich vor und bestätigte sofort:

»Das sind tatsächlich Haare von Madame d'Orval. Sie war einmal in meiner Praxis. Und das hier ist ...«

»Sie werden doch wohl nicht behaupten ...«

»Ich behaupte, daß dies Blut ist und daß man das Bügeleisen dazu benutzt hat ...«

Fünf Minuten später kam der von der Concierge herbeigerufene Schutzmann von der Ecke, der zunächst nur bis zur Ankunft des Kommissars die Tür verschloß.

Dieser stellte einige Fragen und rief bei der Sicherheitspolizei an.

Dann ging es den ganzen Tag so weiter. Zuerst kam der Gerichtsarzt in Begleitung eines Inspektors, dann der Chef der Sicherheitspolizei, der mit dem Auto vorfuhr, und schließlich, gegen fünf Uhr, kam die Staatsanwaltschaft ordnungsgemäß mit Untersuchungsrichter, Vertreter des Staatsanwalts und Protokollführer.

Keiner hatte mehr an den Gasgeruch gedacht, und als Niuta um halb ein Uhr heimkehrte, stellte sie selber fest, daß sie den Hahn ihres Kochers offengelassen hatte.

Im Treppenhaus war ein ständiges Kommen und Gehen. Man rief die Concierge mehr als zehn Mal herauf und stellte ihr immer wieder die gleichen Fragen, so daß sie es wirklich leid wurde.

»Das habe ich doch schon gesagt! Sie sind morgens um sechs mit dem Taxi abgefahren, ich habe den Motor ja von meiner Wohnung aus gehört ...«

»Haben Sie sie gesehen?«

»Ich sage Ihnen doch, daß der junge Mann mich geweckt hat, um mir zu sagen, daß sie abreisten ...«

»Also haben Sie ihn gesehen?«

»So wie ich Sie sehe!«

»Und haben Sie Madame d'Orval auch gesehen? Ich meine, Madame Ropiquet...«

»Sie können ruhig Madame d'Orval sagen, nachdem jeder sie so genannt hat.«

»Haben Sie sie gesehen?«

»Ja...«

Sie log nicht, und dennoch zögerte sie, als meinte sie doch, sich zu irren. Tatsächlich war sie sich nicht ganz sicher.

»Diese Frage ist von entscheidender Bedeutung. Ich bitte Sie, gut nachzudenken. Bestätigen Sie, Madame d'Orval an jenem Morgen gesehen zu haben?«

»Ja!«

Sei's drum! Lieber so, als daß sie sich selber widersprach.

»Was hatte sie denn an?«

»Darauf habe ich nicht geachtet...«

»Hat sie etwas zu Ihnen gesagt?«

»Ich kann mich nicht erinnern... Nein...«

»Hat sie sich nicht von Ihnen verabschiedet?«

»Wie soll ich das wissen? Sie bringen mich noch ganz durcheinander mit all Ihren Fragen. Und in der Zwischenzeit ist meine Kleine allein in der Wohnung...«

Im *Eclaireur* standen nicht alle diese Einzelheiten, sondern nur einige, dazu war ein altes Foto von Constance Ropiquet abgedruckt, das man in einer Schublade entdeckt hatte.

Der Artikel endete so:

*Die Polizei ist jetzt auf der Suche nach Louis Bert, dem Sekretär des Opfers, bekannt unter dem Namen Petit*

*Louis, der schon mehrfach mit den Gerichten zu tun hatte.*

Während Petit Louis dies auf der Caféterrasse las, zuckte er mit keiner Wimper. Schließlich erhob er sich, um nochmals zu dem Zeitungsverkäufer hinüberzugehen.

»Haben Sie auch *Le Petit Var* und *Le Provençal*?«

Er überflog die Zeitungen im Stehen, um zu sehen, ob auch dort von ihm die Rede war, aber es stand nichts darin, wahrscheinlich deshalb, weil der Korrespondent aus Nizza keine Zeit gehabt hatte, seinen Artikel durchzutelefonieren.

»Haben Sie keine Exemplare vom *Eclaireur* mehr?«

»Da ist nur noch eines für den Koch des Grand Hotel ...«

»Verkauften Sie viele davon?«

»Acht Stück.«

Er blieb ruhig. Darüber wunderte er sich. Wer ihn hier im Schatten der Eukalyptusbäume auf dem Platz sah, während die Zeiger der Kirchturmuhr auf elf Uhr vorrückten, wäre wohl kaum auf den Gedanken gekommen ...

Das Schiff, das zur Tour Fondue hinüberfuhr, legte schon ab, es war zu spät, noch mitzufahren. Das nächste ging erst um zwei Uhr. Petit Louis hätte aber eines der Motorboote mieten können, von denen es im Hafen wimmelte.

»Du warst gestern abend gar nicht nett«, sagte er mit trauriger Stimme zu dem kleinen Serviermädchen, als er wieder ins Café zurückkehrte.

Und er war tatsächlich betrübt, daß sie nicht nett gewesen war.

»Ich möchte dann meine Rechnung...«

»Fahren Sie ab?«

Fast hätte er geantwortet:

»Sofern man mich nicht daran hindert!«

Aber er hatte Angst, es könnte ihm Unglück bringen. So ging er in sein Zimmer hinauf und packte die Koffer.

## 9

Das Zimmer ging auf den Platz hinaus, und die Fenster standen offen. Auf diese Weise sah er, während er gerade seine Kleider in einen Koffer warf, wie jenseits des großen hellen Vierecks, das von den schattenspendenden Eukalyptusbäumen wie eine Wasserfläche umsäumt wurde, die Tür des Postamts aufging.

Es war ganz oben, neben der Kirche. Ein nervöser kleiner Mann kam die Treppe herab und überquerte den Platz ungeachtet der Hitze schräg und steuerte auf den alten Kasten in der Nähe des Hotels zu, der als Rathaus diente.

Petit Louis brauchte gar nicht zu sehen, welche Zeitung der Leiter des Postamts in der Hand hielt. Selbst auf diese Entfernung sprach seine Gestalt Bände, und Petit Louis hörte mit Kofferpacken auf. Er hätte darauf geschworen, daß der Postbeamte vor sich hinredete. Am liebsten hätte er miterlebt, wie er den Polizisten am Rock packte und ihm entgegenschrie:

»Wissen Sie, wer hier ist? Der Mörder der Rentnerin aus Nizza ...«

Petit Louis zuckte jedenfalls nicht mit der Wimper. Er sah immer noch auf den Platz hinaus, warf dann einen gleichgültigen Blick auf seinen offenen Koffer, in den er seine Anzüge gepfercht hatte.

Er saß in der Falle. Die Polizei brauchte nur noch mit

dem Schiff überzusetzen, dann konnten sie ihn schnappen; auch wenn es ihm zufällig noch gelang, von hier wegzukommen, wären doch alle kleinen Häfen am jenseitigen Ufer alarmiert.

Er blickte in den Spiegel, nahm befriedigt zur Kenntnis, daß er ganz ruhig wirkte, und verzog seine Lippen zu einem bitteren Lächeln; dann zuckte er mit der Achsel und betrat das ziemlich dunkle Treppenhaus, wobei er seufzte:

»Mein lieber alter Petit Louis ...«

Das war sein einziger Augenblick der Emotion. Nachdem er das Café betreten hatte, steckte er sich eine Zigarette an, seine Hand zitterte nicht, er erinnerte sich, daß das Serviermädchen auch sein Feuerzeug bewundert hatte.

»Hier!« sagte er. »Du kannst es behalten!... Wenn du es ansiehst, tut es dir dann vielleicht doch leid, daß du mich gestern abend so behandelt hast!...«

»Immer noch böse?«

Sie ahnte natürlich nicht, welche Bedeutung es für ihn hatte. Das Lokal war fast leer. Zwei Matrosen von einer Yacht dösten vor sich hin, quer über die Brust war ein englisches Wort auf ihre Trikots gestickt. Kurz darauf überquerte der Polizeibeamte den Platz ebenso entschiedenen Schritts wie zuvor der Postbeamte.

»Du könntest mir noch eine Tomate servieren!«

Damit meinte er Pernod mit einem Tropfen Granatapfelsirup. Gewöhnlich trank er nicht viel Alkohol, aber er hatte jetzt Lust, noch einmal am Pernod zu schnuppern.

»Was gibt's denn da zu sehen?« fragte das Serviermädchen.

»Das ist doch der Bürgermeister, nicht wahr, der dort drüben mit dem Polizisten redet?«

»Ja... Warum?«

Der Bürgermeister, der gleichzeitig auch Lebensmittelhändler war, hatte einen kräftigen braunen Schnauzbart und trug einen Kittel wie ein Eisenwarenhändler oder ein Setzer. Die beiden Männer unterhielten sich in der prallen Sonne.

Petit Louis brauchte nur zu warten. Er fragte sich, ob sie es wohl wagen würden, und mußte lächeln, als der Polizist den andern schließlich stehen ließ und dann an der Türschwelle erschien, wobei er mit der rechten Hand seine Revolvertasche umklammerte.

»Treten Sie ein, Bonnet!« rief ihm Petit Louis zu, der ihn bei früherer Gelegenheit zwei oder dreimal zum Aperitif eingeladen hatte. Er fragte verlegen:

»Sie sind doch Louis Bert?«

»Das kann ich nicht leugnen!«

»Louis Bert, bitte machen Sie mir meine Aufgabe nicht schwerer und erregen Sie kein Aufsehen. Sie wissen, daß ich bei der ersten Bewegung gezwungen bin, zu schießen. Heben Sie beide Arme...«

Petit Louis konnte sich ein Lächeln nicht verkneifen und zwinkerte dem Serviermädchen zu, während er nun beide Hände emporstreckte.

»Wollen Sie mir denn schon Handschellen anlegen?« fragte er in freundlich-vorwurfsvollem Ton.

Auf dem Platz standen etwa zehn Personen um den Bürgermeister versammelt, als Bonnet seinen Gefangenen in das aus zwei schmalen Räumen bestehende winzige Gebäude führte, das durch eine Fahnenstange als Rathaus gekennzeichnet war.

Bonnet verhielt sich anständig. Er mußte die Sache sehr ernst nehmen, denn am nächsten Tag würde ja die ganze Presse über diese Verhaftung schreiben.

»Treten Sie ein!« forderte er Petit Louis höflich auf, während er seine Amtsstube aufschloß, wo in einer Ecke die zusammengerollten Fahnen vom 14. Juli, übriggebliebene Knallfrösche und einige venezianische Laternen aufbewahrt wurden.

»Setzen Sie sich ...«

Er schloß die Tür ab und machte auch die Läden zu, weil vor den Fensterscheiben einige Gesichter aufgetaucht waren, und so saßen sie jetzt im Halbdunkel.

»Ich habe natürlich noch keinen Haftbefehl, aber ich glaube, ich mußte mich zunächst einmal über ihre Person vergewissern. Jetzt rufe ich in Hyères an und hole mir Anweisungen ein.«

»Natürlich!« bestätigte Petit Louis.

»Das ist heikler, als Sie denken. Ich habe Sie ja schließlich nicht auf frischer Tat ertappt ...«

Er wirkte fast froh darüber, daß sein Gesprächspartner seine Schwierigkeiten begreifen konnte. Gleichzeitig behandelte er ihn unwillkürlich wie einen hohen Gast und warf ihm beim Telefonieren eher bewundernde als strafende Blicke zu.

»Spreche ich mit Hyères? ... Mit dem Polizeikommissar? ... Hallo! Ich möchte gern mit dem Kommissar sprechen ... Ja, hier ist Bonnet aus Porquerolles ... Hallo! Sind Sie es, Herr Kommissar? ... (Augenzwinkern Richtung Petit Louis)... Ich habe die Ehre, Ihnen eine ziemlich wichtige Nachricht zu übermitteln... Es geht um den Fall in Nizza... Sind Sie auf dem laufenden?... Ja, der Mörder sitzt mir hier in meiner Dienststelle gegenüber... Könnten Sie mir jetzt bitte sagen, was ich mit ihm tun soll?... Ja... Gut... Ich warte hier...«

Er legte auf und sah Petit Louis verlegen an.

»Ich glaube nicht, daß ich Sie offiziell verhören muß«, sagte er zögernd. »Der Kommissar ruft mich wieder an. Er holt jetzt telefonisch Anweisungen aus Nizza ein...«

Es war kühl in diesem kleinen Raum, der von einer Lithographie des Präsidenten der Republik und einer ganz mit Staub und Tintenklecksen bedeckten Marianne beherrscht wurde. Bonnet riß plötzlich die Läden auf und brüllte hinaus:

»Wenn hier weiterhin Kundgebungen stattfinden, lasse ich den ganzen Platz räumen!«

Auf diese Weise ging es bis drei Uhr herzlich, fast lustig zu. Um drei Uhr aber landeten zwei Gendarmen mit dem Schiff, die den Auftrag hatten, den Gefangenen abzuführen. Der eine war jung, frischrasiert und geschniegelt, und über ihn brauchte sich Petit Louis nicht zu beklagen. Der andere, fett und schon kahl, mit einer schiefen Schulter und schlaffem, ungesundem Aussehen, kam gleich gehässig auf den Gefangenen zu.

»Das ist also der Loddel, der alte Frauen umbringt?«

Gleichzeitig trat er Petit Louis absichtlich auf die Füße, der zuckte aber mit keiner Wimper und hielt seinem Blick stand.

»Du willst dich wohl mit mir anlegen, du Dreckskerl?«

Und schon fuhr seine Hand auf Petit Louis' Wange herab, aber der spuckte nur auf den Boden.

»He! Was soll das heißen! Willst du mich beleidigen! Wie?«

Er brauchte ihn gar nicht in Harnisch zu bringen. Er ging schon ganz von allein hoch und zögerte jetzt auch nicht, seinen Rock abzulegen, um ihn zu verprügeln.

Petit Louis verzog keine Miene. Nachdem die Operation beendet war, hatte er eine geschwollene Oberlippe und eine schlimme Platzwunde an der Schläfe. Außerdem hatte man ihm die Krawatte heruntergerissen und seinen Hemdkragen zerfetzt.

»Warte, wir wollen dir doch deine kleine Fresse ein wenig in Ordnung bringen!«

Um fünf Uhr führten ihn die beiden Gendarmen zum Schiff. Die Entfernung betrug nur zweihundert Meter. Schweigend und beeindruckt standen die Neugierigen in Gruppen zusammen und soweit lief alles in würdiger Form ab.

Offenbar wurde befürchtet, daß Petit Louis ins Meer springen könnte, denn man sperrte ihn in eine Kabine ein, in der es nach Dieselöl stank, während die Passagiere an Deck bleiben mußten.

An der Tour Fondue wartete Verstärkung: ein Inspektor und ein Wachtmeister mit Wagen. Eine halbe Stunde später erreichten sie Toulon, und Petit Louis wurde auf einen Bahnsteig geführt, wo er bald darauf den Schnellzug Paris–Nizza bestieg.

Er hatte seit elf Uhr früh weder etwas gegessen noch

etwas getrunken, aber er war fest entschlossen, sich nichts anmerken zu lassen.

Am Bahnhof von Nizza warteten etwa fünfzehn Journalisten und Fotografen. Petit Louis wurde schnell in ein Auto geschoben, das wenige Augenblicke später vor dem Sicherheitspolizeiamt landete.

Fast eine Stunde lang saß er dann auf einer Bank in einem Raum, wo Inspektoren arbeiteten, telefonierten, aus und eingingen und ihm beim Hereinkommen neugierige Blicke zuwarfen. Schon lange brannten die Lichter. Zwei Polizisten in Zivil hatten sich Bier heraufkommen lassen, aber nicht daran gedacht, dem Gefangenen etwas anzubieten.

Schließlich klingelte es, einer der Männer erhob sich und winkte Petit Louis zu:

»Los!«

Eine gepolsterte Tür ging auf. Drin stand ein Mann, an dem alles rund war, sein Körper war rund, sein Gesicht war rund, die Nase war rund, die Augen waren rund, und drei Doppelkinne unter dem schlaffen Mund waren ebenfalls rund.

»Laß uns allein, Janvier! Mach die Tür zu. Ich will nicht gestört werden ...«

Nun erkannte Petit Louis eine zweite Person in einer Ecke, es war jener Inspektor, der Constance aufgesucht hatte. Er schwieg, hielt sich aus allem heraus und trug eine unbeteiligte Miene zur Schau, als wäre er nur als Beobachter hier.

Er hieß Mine, das wußte Petit Louis. Er wußte aber auch, daß seine Kollegen ihn den Miesling nannten, weil er farblos und grau, schlecht gekleidet, nicht sehr reinlich und meist unrasiert war und außerdem mit seinen schlechten Mundgeruch verbreitenden gelben Zähnen eine feuchte Aussprache hatte.

»Setz dich, Petit Louis!... Hierher... Eine Zigarette?«

Balestra, der Leiter der Sicherheitspolizei, durchmaß sein Amtszimmer kreuz und quer und überlegte, wo er anfangen sollte. Er gab Petit Louis, dessen Hände noch immer gefesselt waren, Feuer und zeigte dann auf ein Blatt Papier, das auf seinem Schreibtisch lag.

»Ich teile dir für alle Fälle mit, daß ich hier den Haftbefehl vorliegen habe... Ich weiß, daß die Rechtsanwälte da oft sehr pingelig sind... Vorsichtshalber ist dieser Haftbefehl um drei Uhr telegraphisch nach Porquerolles durchgegeben worden, so daß alles seine Ordnung hat...«

Der andere, der Miesling, der in seiner Ecke saß, gab vor, in sein fettiges, mit einem Gummiband zusammengehaltenes Notizbuch vertieft zu sein.

Petit Louis hatte Durst, aber er hätte sich lieber eine Zehe abschneiden lassen, als sich eine Blöße zu geben. So blickte er den beiden furchtlos und hart ins Gesicht.

Sein Mißtrauen erwachte nicht gleich. Gewiß, er ließ sich von Balestras Jovialität nicht einlullen, denn es war ja nicht das erstemal, daß er von der Polizei verhört wurde, davon konnte er schon ein Liedchen singen. Er überlegte bei jeder Frage einen Augenblick und sah dabei unwillkürlich fragend zum Miesling hinüber, als hätte es da irgendein Einverständnis zwischen ihnen gegeben.

Im Büro nebenan hörte man Journalisten, die langsam die Geduld verloren und laut diskutierten. Einer von ihnen diktierte gerade seinen Bericht nach Paris durch und schrie dabei so laut, daß man jede Silbe verstand.

»... Während ich hier telefoniere, wird der Kerl von Balestra, dem tatkräftigen Leiter der Sicherheitspolizei von Nizza, einem raffinierten Verhör unterzogen ... Balestra, ja ... B wie Berta ... A wie Anton ...«

Petit Louis grinste ein wenig, und der Polizist verzog ebenfalls das Gesicht, besann sich aber dann und riß mit rollenden Augen die Tür auf.

»Ich möchte doch um Ruhe bitten!«

Einige beugten sich vor, um Petit Louis vor dem Schreibtisch sitzen zu sehen, dann ging die Tür wieder zu.

»Ich habe dich gefragt, wieviel sie dir monatlich gegeben hat.«

Petit Louis setzte eine ablehnende Miene auf. Das war nun die dritte oder vierte Frage dieser Art, die ihm gestellt wurde, und das schien ihm nicht normal. Er vermutete eine Falle, kam aber nicht dahinter.

»Ich bekam kein Fixum«, erwiderte er verstimmt.

»Dann hast du wohl ein Trinkgeld bekommen?« zog ihn der Polizeichef auf. »Sag mal, an welchem Tag hat sie dir denn diesen Brillanten geschenkt, den du da am Finger trägst?«

»Wie soll ich das wissen? Bestimmt an einem Tag, an dem sie beim Spiel gewonnen hatte ...«

»Sie hat wohl mit hohem Einsatz gespielt, wie?«

Er zögerte mit seiner Antwort. Er wußte genau, daß

Constance nie hoch gespielt hatte. Es schien bedeutungslos, dennoch fragte der Polizist noch einmal:

»Sie hat wohl mit hohem Einsatz gespielt?«

»Vielleicht schon. Ich stand ja nicht immer hinter ihr...«

»Selbstverständlich! Du mußtest ja ihre Buchführung machen. Also du warst ihr Liebhaber, vor allem aber warst du ihr Sekretär...«

Petit Louis war alles andere als begeistert. Es war nun halb elf Uhr abends, und man hatte ihm noch keine einzige der Fragen gestellt, auf die er wartete. Nicht einmal die wichtigste! Denn nicht ein einziges Mal hatte man daran gedacht, ihn zu fragen:

»Haben Sie Madame Ropiquet umgebracht?«

Oder:

»Womit hast du die Alte umgelegt?«

Ebenso gab es nicht die kleinste Anspielung auf die Geschichte in Le Lavandou und seine Beziehungen zu der Marseiller Bande! Kein Wort über jenes Geburtstagsabendessen, das der Miesling doch aus der Ferne mitbekommen hatte!

Man hätte ja fast glauben können, der Inspektor hätte seinen Chef nicht unterrichtet! Aber nein, er saß ja hier! Es gab also einen Grund für seine Anwesenheit! Worauf wollten sie eigentlich hinaus?

»Ich möchte eine Aussage machen«, murmelte Petit Louis mit einem schiefen Blick auf den Inspektor. »Der Herr da könnte im übrigen ja sagen, ob...«

»Später«, fiel ihm Balestra ins Wort. »Du bekommst noch genug Gelegenheit, alle Aussagen zu machen, die du machen willst! Vorerst stelle ich hier die Fragen, und ich wünsche nicht, daß die Rollen umgekehrt werden. In der Brieftasche, die die Gendarmen dir vorhin abgenommen haben, fand ich diesen Pfandschein des Leihamtes. Er stammt vom 21. August und lautet auf den Namen Madame Ropiquet. Also war diese am 21. noch am Leben, wenn sie da ihren Nerzmantel zum städtischen Leihamt gebracht hat...«

Keine Antwort! Petit Louis hätte gern ein Stück Papier und einen Bleistift gehabt, um eine Übersicht über diese Daten zu bekommen. Er hatte in Porquerolles ganze Tage mit Nichtstun verbracht und war so unvorsichtig gewesen, sich auf Fragen dieser Art nicht vorzubereiten.

»Du kannst mir folgen, nicht? Am 21. verpfändet sie ihren Mantel und bittet dich, den Pfandschein aufzubewahren. Sie vertraute wohl nicht sehr auf ihren Ordnungssinn. Sie hat dir alle wichtigen Papiere anvertraut, was ja auch ganz natürlich ist, denn du warst ihr Sekretär...«

Petit Louis veränderte seine Haltung. Er sank langsam zusammen, zog den Hals ein, und sein Blick verfinsterte sich vor Mißtrauen.

»Was hast du gesagt? Sie hat dir den Pfandschein gegeben?«

»Ja und?«

»Du gibst das zu?«

»Nehmen wir einmal an, daß ich es zugebe...«

Würde er nun endlich auf den Mord und auf die Leiche zu sprechen kommen? Nein, immer noch nicht!

»An jenem Tag, am 21., wart ihr also alle beide in Nizza. Ihr wart am Nachmittag da, obwohl ihr nach

Aussagen der Concierge um sechs Uhr morgens ein Taxi genommen habt, um zum Bahnhof zu fahren ...«

Petit Louis verzog keine Miene. Balestra ging immer wieder um seinen Schreibtisch herum, ergriff eine kleine Dose, entnahm ihr eine Lakritze und legte sie zart auf seine dicke Zunge.

»Nun, das sind Details, die im übrigen der Untersuchungsrichter klären wird. Ich informiere mich hier sozusagen mehr aus eigenem Interesse. Ihr habt wohl einen anderen Zug am Nachmittag oder Abend genommen ...«

Petit Louis' Oberlippe war von kleinen Schweißperlen bedeckt. Ihm war durchaus bewußt, daß alles, was er heute abend aussagte, endgültig war und man ihn damit künftig peinigen würde.

»Mit welchem Zug bist du gefahren?«

»Ich kann mich nicht erinnern.«

»Es gibt Leute, die Madame Ropiquet im Triebwagen, der um zehn Uhr fährt, in einem blauen Kleid gesehen haben wollen ...«

Das stimmte natürlich nicht, da Constance ja um diese Uhrzeit bereits entzweigeteilt am Grunde des Hafens lag! Dennoch war jeder kleinste Satz des Polizeichefs von Bedeutung, und hinter diese Bedeutung mußte er kommen.

»Du hast die Concierge von Lyon aus angerufen. Von welchem Hotel hast du telefoniert?«

»Von einer Telefonzelle.«

»Einer Telefonzelle auf dem Postamt?«

»Nein ... am Bahnhof ...«

»An welchem Bahnhof?«

»An dem großen Bahnhof...«

Er war nur einmal in Lyon gewesen und hatte den Namen des Bahnhofs Lyon-Perrache vergessen.

»War das ein Münzfernsprecher?«

»Ja...«

Und bei all dem sah der Miesling in seiner Ecke die ganze Zeit immer nur in sein Notizbuch, als enthielte dieses Notizbuch die Gesetzestafeln.

»Du bist vielleicht müde? Sollen wir für heute Schluß machen?«

»Wie Sie meinen«, erwiderte Petit Louis, der noch nie in seinem Leben so durstig gewesen war wie jetzt.

»Haben die Gendarmen dir wenigstens etwas zu essen gegeben?«

»Kopfnüsse, ja!« machte sich Petit Louis lustig und zeigte sein grün und blau geschlagenes Gesicht.

»Hast du Hunger oder Durst?«

»Wenn Sie meinen!«

Er wußte, was er tat. Er wollte sich nicht dadurch vereinnahmen lassen, daß man ihm ein belegtes Brötchen und ein Glas Bier anbot. Balestra ging hinaus. Man konnte einen Augenblick lang die Geräusche der Journalisten hören. Petit Louis dachte, daß Mine jetzt etwas zu ihm sagen würde, aber der Inspektor blieb schweigend in seiner Ecke sitzen. Also hoffte man, daß Petit Louis, nachdem der Chef hinausgegangen war, die Gelegenheit nutzen würde, mit dem Inspektor zu sprechen.

Balestra kehrte zurück.

»Man wird dir ein Bier heraufbringen... Wo waren wir stehengeblieben? Ah ja! Wie bist du denn auf die

Idee gekommen, dich in Porquerolles zu vergraben?... Es soll ja dort ganz nett sein... Aber, na ja. Allerdings hattest du es von da nicht weit zu deiner Mutter... Sie wohnt in Le Farlet, nicht?«

Man wollte ihn ermüden, indem man so von einem Thema zum anderen sprang. Was hatte denn nun seine Mutter mit all dem zu tun? Was wußte man? Worauf wollte man hinaus?

»Ist der alte Dutto immer noch nicht tot?«

»Das weiß ich nicht.«

»Wann hast du sie denn zuletzt besucht?«

»Das ist schon ziemlich lange her.«

»Vor einem Monat?«

»Ich weiß nicht.«

»Ich habe nach Le Farlet telefonieren lassen, um deiner Mutter auszurichten, daß sie sich, wenn sie dich sehen will, nur hier zu melden braucht. Dann verschaffe ich ihr die Genehmigung, dich im Gefängnis zu besuchen...«

»Meine Mutter wird nicht kommen können.«

»Warum?«

»Sie muß sich um Dutto kümmern.«

Ein Kellner brachte aus einer nahe gelegenen Kneipe Bier, und Petit Louis bekam endlich etwas zu trinken. Er hätte am liebsten alle drei Gläser ausgetrunken, so groß war sein Durst. Aber kaum hatte er die kühle Flüssigkeit getrunken, bedeckte sich seine Haut mit Schweißperlen.

»Was solltest du denn für sie kaufen?«

»Für wen?«

»Für Constance...«

»Ich verstehe nicht.«

Es war halb zwölf, und in dem Büro, wo der Chef gerade seinen Rock abgelegt hatte, ging kein Lufthauch.

»Sie hat doch ihren Nerzmantel nicht grundlos versetzt. Sie hat doch offenbar Geld gebraucht. Sie hat mindestens fünfundzwanzigtausend Francs gebraucht, nachdem sie dir diesen Betrag anvertraut hat, den wir bei dir gefunden haben ...«

»Na und?«

»Wollte sie vielleicht einen Schuppen in Porquerolles kaufen?«

»Das wäre ja wohl ihr gutes Recht gewesen!«

Er wollte weder ja noch nein sagen. Er versuchte, allen Fallen auszuweichen, und durch diese Anstrengung verhärteten sich seine Gesichtszüge so sehr, daß er ganz verändert aussah.

Jenen sportlichen hübschen Jungen, der mit den Händen in den Hosentaschen und schief sitzender weißer Mütze lässig über die Dorfplätze schlenderte und dabei immer ein spöttisches Lächeln aufsetzte, den gab es nun nicht mehr.

An seiner Stelle saß hier ein zäher kleiner Bursche aus dem Norden, der Sohn eines Bergarbeiters, der in einem der Zechenhäuser gelebt hatte und fähig war, ohne einen Augenblick der Schwäche stundenlang durchzuhalten.

»Wir werden morgen weiter darüber sprechen ... Oder vielmehr, der Untersuchungsrichter wird dies tun ... Der Fall liegt ganz einfach, und ich glaube, die Untersuchung wird schnell abgeschlossen sein ...«

Machten die sich über ihn lustig? Von welcher Untersuchung war hier die Rede, nachdem der Tod Constances noch nicht einmal erwähnt worden war. Wenn man überhaupt von ihr gesprochen hatte, dann nur in einer Weise, daß man sie ebenso gut unter den Lebenden wie unter den Toten hätte vermuten können.

Und dieser Inspektor da, der sich nur um die Sache in Le Lavandou gekümmert hatte und kein Wort sagte?

»Ruh dich einen Augenblick aus... Heute nacht schläfst du hier im Arrestlokal, wir werden dich erst morgen ins Gefängnis einweisen... Noch eine Zigarette?...«

Dann sah Balestra eine halbe Stunde lang Akten durch und telefonierte über Dinge, die überhaupt nichts mit dem Fall zu tun hatten, so rief er zum Beispiel zu Hause an, um mitzuteilen, daß er nicht vor zwei oder drei Uhr morgens heimkäme.

»... So, jetzt kümmere ich mich wieder um dich!« sagte er schließlich seufzend. »Irgendwie müssen wir ja zu einem Schluß kommen... Wie immer passiert alles gleichzeitig... Um noch einmal von diesem Geld zu sprechen...«

Um halb drei Uhr war das Verhör immer noch nicht beendet, und es war immer noch keine Rede von einem Mord, einer Ermordung, einer Leiche, einem Bügeleisen gewesen!

Es war immer nur um Nebensächlichkeiten gegangen, um die Abfahrtszeit eines Zuges, um den Verwendungszweck eines Geldbetrages, um ein Datum, über das sich Petit Louis und der Chef der Sicherheitspolizei nicht einigen konnten.

»Bis morgen!... Oder vielmehr bis ich weiß nicht wann, denn nun macht ja der Untersuchungsrichter weiter... Dein Anwalt wird jedenfalls nicht behaupten können, daß die Polizei dich hart angefaßt hat... Eine Zigarette?...«

Er rief zwei Inspektoren herein, die Petit Louis abführten, und das war alles für diesen Tag.

## 10

Vielleicht begann für Petit Louis erst jetzt sein wahres Leben, jenes Leben, das ihm vom Schicksal bestimmt war.

Er war ein beliebiges Baby gewesen, immer ungepflegt und mit Schorf bedeckt, was aber keine Rolle spielte, da ohnehin keiner daran dachte, ihn zu küssen.

In der Schule von Le Farlet hatte er keinerlei Spuren hinterlassen. Er war ein leicht verletzlicher Junge gewesen, danach ein Lehrling, der sich weder sehr geschickt noch sehr ungeschickt anstellte, dann ...

Und nun maß man all dem einen Sinn bei, suchte nach vergessenen Zwischenfällen, denen man nie Beachtung geschenkt hatte, und setzte sie wie die Teile eines Puzzlespiels zusammen, um ein Bild zu bekommen. Einen ganzen Monat lang wußte Petit Louis nichts davon. Man hatte ihn gerade nur ein einziges Mal vor den Untersuchungsrichter geführt, und sein Auftritt war nur kurz gewesen. Der Richter hieß Monnerville oder de Monnerville und war ein schroffer, eifriger, ja so eifriger Mann, daß er nicht einmal die Zeit fand, seinen Blick zu heben und Petit Louis anzusehen.

»Ich habe Sie hier vorführen lassen, um Ihnen offiziell mitzuteilen, daß Sie des Mordes, des Diebstahls, der Fälschung und des Gebrauchs gefälschter Urkunden und des Betrugs beschuldigt werden ...«

Er las dies vor, denn er hatte wohl Angst, etwas zu vergessen.

»Das Gesetz schreibt vor, daß Sie sich von jetzt an durch einen Anwalt Ihrer Wahl Rechtsbeistand leisten lassen können.«

Da Petit Louis nichts sagte, hob er schließlich den Kopf, wunderte sich aber nicht und interessierte sich nicht für seine Person. Er sah Petit Louis, den er noch nie zu Gesicht bekommen hatte, so an, als kenne er ihn seit eh und je.

»Ich bitte Sie also, mir Ihren Anwalt zu nennen«, wiederholte er mit monotoner Stimme.

»Wer bezahlt den?«

»Sie natürlich.«

»Bekomme ich das Geld zurück, das man mir bei meiner Verhaftung abgenommen hat?«

Selbst bei einer so banalen Frage fühlte sich Monnerville veranlaßt, in seine Akten zu sehen.

»Sie bekommen es zurück, wenn erwiesen ist, daß es Ihnen gehört.«

Petit Louis zuckte zynisch mit den Achseln.

»Nun?«

»Ich nehme keinen Anwalt!«

»Dann werde ich beim Kammervorstand veranlassen, daß Ihnen ein Pflichtverteidiger bestellt wird ...«

Bei diesen Worten gab er dem neben Petit Louis sitzenden Wachtmeister einen kleinen Wink, und er wurde abgeführt, ohne die Augen des Richters noch einmal gesehen zu haben.

Von da an fragte er jedesmal, wenn seine Zellentür aufging:

»Soll ich zum Richter kommen?«

Bis der Wärter schließlich zu ihm sagte:

»Du solltest dich nicht beklagen, daß es lange dauert! Du solltest dir im Gegenteil wünschen, daß es ewig dauert...«

»Warum denn?«

»Einfach so!«

Dabei zwinkerte der Wärter dem Gefangenen, der Petit Louis' Zelle teilte, verständnisinnig zu, es war ein Nordafrikaner, der unablässig lachte, Spaß machte, Geschichten erzählte und sich so dumm anstellte, daß es schon unglaubwürdig wirkte.

»Was hat er damit gemeint?«

Dabei war es doch ganz einfach! Petit Louis war der einzige, der nicht wußte, daß jeden Tag mindestens zwei Spalten über ihn in den Zeitungen standen. Zwanzig Reporter stellten parallel zur Polizei ihre Untersuchungen an, und man konnte ständig sensationelle neue Enthüllungen und Aussagen von Zeugen lesen, die an allen möglichen Orten auftauchten und deren Fotos auf den Titelseiten erschienen.

Im gleichen Zeitraum überlegte Petit Louis hin und her, warum man ihn nicht endlich verhörte, und wunderte sich, warum man ihn nicht einmal gefragt hatte, ob er den Mord an Constance gestand.

Seine Gefangenschaft nahm er stoisch, ja sogar gutgelaunt hin, und wenn er auch kein Wort an den Nordafrikaner verschwendete oder ihn nur grob anfuhr, verging doch kein Tag, an dem er nicht mit den Wärtern Spaß machte.

Manchmal legte er sich morgens platt auf den Boden

in einen Sonnenfleck, der immer an der gleichen Stelle ein Dreieck bildete und träumte mit geschlossenen Augen von der Pension Carnot, von Niutas Lied und dem Mann mit dem Holzkopf und seinem Kanarienvogel.

Auch an Porquerolles hatte er klare und heitere Erinnerungen wie an ein Fest.

Zu anderer Tageszeit dachte er nach, was er sagen sollte und ordnete seine Gedanken.

Er war am 13. September verhaftet worden. Am 13. abends hatte man ihn im Amtszimmer des Chefs der Sicherheitspolizei in Anwesenheit des Mieslings verhört, und am 16. war er Untersuchungsrichter Monnerville vorgeführt worden.

Aber erst am 15. Oktober, einen Monat später, an einem Tag, an dem es in Strömen regnete, holte man ihn mit dem Gefängniswagen ab, um ihn in das Justizgebäude zu bringen. Er verstand noch immer nicht, warum man ihn durch eine Nebentür hineinführte, auch nicht, warum ihn vier Gendarmen über leere Treppen und Gänge geleiteten und ihn, ohne daß er auch nur eine Sekunde warten mußte, in das Dienstzimmer des Richters brachten.

Er wußte nicht, daß sich im großen Gang die ganze Presse und all die Fotografen nur mit Mühe von einem großen Aufgebot an Sicherheitskräften in Schach halten ließen und daß auf der Straße, durch die er normalerweise hätte kommen sollen, über hundert Leute im Regen warteten.

Er hatte sich unterwegs aufgebaut, wie er das nannte, er hatte sich Mut gemacht, um dem Richter begegnen zu können. So betrat er das Dienstzimmer mit dem Ausdruck eines Kämpfers, der in die Arena zieht. Der Raum war düster, er war kaum erleuchtet. Das erste, was er sah, war ein großer junger Mann in Robe, er begriff, daß dies wohl sein Anwalt war und musterte ihn mit kritischen Blicken.

Ein As war der sicher nicht. Man hatte ihm ja wohl nicht gerade einen Staranwalt zum Pflichtverteidiger bestellt. Er wirkte sogar eher so, als wäre er von seinem Mandanten beeindruckt.

»Rechtsanwalt Bouteille wird künftig bei den Vernehmungen anwesend sein und Einblick in die Akten nehmen.«

Petit Louis setzte sich und runzelte die Stirn, als er die eifrige Miene des Richters beim Hin- und Herwälzen einer Akte bemerkte, die aus Hunderten von Seiten bestand.

Schon nach zehn Minuten mußte sich Petit Louis fragen, ob es hier wirklich um ihn ging und ob er dieses Leben gelebt hatte, das hier mit verwirrender Detailtreue aufgerollt wurde.

»Im Alter von neun Jahren«, las der Richter mit gleichbleibender Stimme vor, »sind Sie in Le Farlet von der Schule verwiesen worden und nur dank der Fürsprache des Bürgermeisters wieder aufgenommen worden ...«

Petit Louis hätte alles erwartet, nur so etwas nicht, er saß bewegungslos da und starrte jenes Gesicht an, das wie hypnotisiert auf einen Berg Papiere sah.

»Ich verlese dazu die Erklärung von Ernest Ceccaldi, Ihrem einstigen Lehrer, die dieser vor Polizeikommissar

Merlin abgegeben hat, der auf ein Rechtshilfeersuchen ...«

Petit Louis mußte sich die Stirn abwischen. Schweiß, und zwar Angstschweiß, bedeckte seine Haut.

»... Andererseits erklärt der Eisenwarenhändler Grimaud«, fuhr die Stimme fort: »Ich habe dem jungen Louis Bert nie über den Weg getraut und, als er dreizehn war, habe ich ihn auf dem Marktplatz mit zwei Boule-Kugeln erwischt, die mir in der Woche davor gestohlen worden waren. Ich habe ihn nur aus Rücksicht auf die Mutter nicht angezeigt und ...«

Dann fuhr er in verändertem Ton fort:

»Geben Sie zu, zwei Boulekugeln gestohlen zu haben?«

Petit Louis stieß zwischen den Zähnen hervor:

»Wirklich sehr schlimm!«

»Wie bitte?«

»Nichts. Fahren Sie nur fort! Es interessiert mich sehr...«

Er begleitete alles mit sarkastischem Spott, quittierte die schönsten Sätze mit besonderem Lob.

Der Richter machte beharrlich weiter. Mit unerschütterlicher Miene verlas er seine Akte. Er beherrschte seinen Stoff wie ein Schüler, der fürs Abitur gebüffelt hat und war nicht ein einziges Mal neugierig darauf, zu beobachten, wie der Beschuldigte reagierte.

Der Anwalt, der mit dem Rücken zum Fenster stand, machte sich mit einem goldenen Drehbleistift Aufzeichnungen in ein winziges Notizbuch.

»Ihr erster Meister war der Tischler Morzenti... Können Sie mir erklären, warum Sie dort weg sind?«

Petit Louis schwieg.

»Ich frage Sie noch einmal: Können Sie mir erklären ...«

»Sie werden es mir ja erklären!« erwiderte Petit Louis. »Ich nehme doch an, daß es dort steht ...«

»Morzenti erklärt: Petit Louis stand sechs Monate in meinen Diensten, und er stellte sich gar nicht so ungeschickt an, aber er hatte einen schlechten Einfluß auf meinen Sohn, den er auf alle Feste in der Gegend mitnahm. Als ich dann merkte, daß immer Geld aus dem Haus verschwand ...«

Und so ging das drei geschlagene Stunden weiter! Ein ganzer Rattenschwanz von Menschen tauchte aus der Vergangenheit auf, sie zogen Grimassen und klagten ihn ohne Unterschied alle an. Es war gerade so, als hätten sie in ihrem Leben nur Petit Louis gekannt, denn sie erinnerten sich alle noch ganz genau an die geringsten Kleinigkeiten, die er je angestellt hatte.

Es gab sogar Leute, die sich noch nach acht Jahren haarscharf genau an Datum und Uhrzeit dieses oder jenes Ereignisses erinnerten.

»Mit sechzehn waren Sie der Liebhaber einer verheirateten Frau, die Sie vom rechten Weg abgebracht haben ...«

Er platzte heraus. Es war aber nicht zu erkennen, ob er weinte oder lachte. Seine Augen funkelten, wurden feucht, er sah alles nur noch ganz verschwommen.

»Herr Richter!« bat er flehentlich, so wie man jemandem einen Rat gibt, der übertreibt.

»Leugnen Sie das?«

»Aber Herr Richter, diese Frau, eine Urlauberin, die

immer die gleiche Wohnung hundert Meter von uns entfernt bezog, war fünfunddreißig Jahre alt!«

»Ich verstehe nicht, was das mit der Sache ...«

»Aber Sie haben doch selbst gesagt, daß ich noch nicht einmal sechzehn war! ... Da müßte doch eher sie wegen Verführung Minderjähriger belangt werden ...«

»Ich habe Sie hier nicht um Ihre Ratschläge gebeten.«

»Ich muß sagen ...«, hob der Rechtsanwalt an.

»Herr Rechtsanwalt«, fiel ihm der Richter ins Wort, und zwar in einem Ton, der keine Widerrede duldete, »bitte lassen Sie mich hier mein Verhör führen, wie es mir richtig erscheint. Sie haben noch ausführlich Gelegenheit, vor dem Schwurgericht einzugreifen, und das werden Sie ja gewiß auch mit Ihrem üblichen Erfolg tun.«

Wumm! Dies mußte Rechtsanwalt Bouteille einstekken, weil zwei Tage zuvor einer seiner Mandanten zur Höchststrafe verurteilt worden war.

»Madame Patrelle«, fuhr die gleichbleibende Stimme fort, »eine Freundin Ihrer Mutter ...«

»Daß ich nicht lache!«

Die alte Patrelle! Der schlimmste Drachen von Le Farlet! Eine Frau, die ihr ganzes Leben damit zubrachte, anonyme Briefe zu schreiben!

»Ruhe! ... Madame Patrelle also macht folgende Aussage: Die arme Madame Bert, die viel Unglück in ihrem Leben gehabt hat, da sie ja Flüchtling war, hat immer wieder zu mir gesagt, daß ihre schlimmste Sorge sei, einen Sohn wie den ihren zu haben, und daß sie Angst vor ihm habe. Einmal hat sie auch gesagt, daß er ihr bestimmt noch einmal übel mitspielen wird ...«

Der Raum war schon zu klein geworden, um sie alle aufnehmen zu können; ebenso Petit Louis' Kopf, alles drängte sich darin auf tragische und groteske Weise, das ganze Dorf zog vorüber: die Alten, die Jungen, sogar ein etwas dümmlicher Schulkamerad, mit dem er einmal, als sie siebzehn waren, in ein Bordell nach Toulon gegangen war.

»Batistin Lange erklärt: ›Nur Petit Louis hat Verkehr gehabt, und er schien an dem Ort bekannt zu sein. Er duzte die Frauen, und diese kannten seinen Namen. Er ist hinaufgegangen, und ich habe im Lokal gewartet.‹«

So war das also! Er hatte die Dinge erlebt wie alle anderen auch, nämlich ein einziges Mal und dann gedacht, daß es erledigt war und der Vergangenheit angehörte, und jetzt zwang man ihn, sein ganzes Leben noch einmal durchzumachen. Aber das geschah nun nicht mehr auf seine Art und Weise! Nicht er betrachtete oder urteilte mehr, sondern die anderen!

Am schlimmsten klang die Klausel:

»Auf Rechtshilfeersuchen des Ritters der Ehrenlegion, Untersuchungsrichter Monnerville von der Staatsanwaltschaft Nizza, erklären wir, Augustin Grégoire, Polizeikommissar von Avignon ...«

Oder irgendwelche Gendarmen fingen, ebenfalls auf ein Rechtshilfeersuchen hin, in der ganzen Gegend geduldig und plump irgendwelche Fragmente aus Petit Louis' Leben ein, um sie dann in offizielle Berichte zu pressen.

Es gab endlose Klauseln, und der Richter ließ auch nicht einen Buchstaben davon aus, sondern las alles von Anfang bis Ende vor, bis hin zu:

»Vorgelesen und genehmigt ...«

Wenn man sich vorstellte, daß er all dies einen ganzen Monat lang mit Bienenfleiß zusammengetragen und Petit Louis in seiner Gefängniszelle nichts davon geahnt hatte! Er hatte sich eingebildet, daß man nach der Leiche Constances suchte und die größte Angst davor gehabt, daß man ihn ohne Umschweife fragen würde:

»Warum haben Sie die beiden Leichenteile in den Hafen geworfen?«

Er war am Boden zerstört. Sein Kopf war wie ausgehöhlt, seine Kehle ausgedörrt, und hier durfte er gewiß nicht darauf hoffen, daß man ihm Bier bringen lassen würde wie beim Chef der Sicherheitspolizei. Es regnete noch immer. Von den Leuten draußen in den Gängen war kaum etwas zu hören, gewiß hatte der Richter Befehl erteilt, daß man ihn nicht stören durfte, auch nicht telefonisch.

»Ich fahre fort... Bis zu Ihrem zweiundzwanzigsten Lebensjahr scheinen Sie die Freudenhäuser als Kunde besucht zu haben... Sie hatten eine eindeutige Neigung für Orte dieser Art, und Ihre verschiedenen Arbeitgeber haben erklärt, daß Sie jede Minute Freizeit dort verbracht haben ...«

»Da bin ich ja wohl nicht der einzige!« brummte Petit Louis.

»Wie bitte?«

»Nichts ... Weiter! ...«

Der Richter wäre fast wütend hochgefahren, beherrschte sich aber und fuhr dann tatsächlich fort:

»Mit zweiundzwanzig tauchen Sie in Avignon auf

und da machen Sie nun in einem dieser Häuser die Bekanntschaft einer Dirne namens Léa ...«

Unvorstellbar! Die Justiz war für Petit Louis wie eine alles zermalmende ungeheuere Maschinerie.

Sogar Léa tauchte nun wieder auf! Léa, mit der er seine ersten Versuche als Beschützer gemacht hatte, damals arbeitete er noch, und sie gab ihm gerade nur ein wenig Taschengeld, weil sie ihn unterhaltsam fand! Sie war ein gutmütiges Mädchen, das wegen jeder Kleinigkeit lachte und dem man stundenlang irgendwelche Geschichten erzählen mußte. Sie war eine dankbare Zuhörerin:

»Erzähl noch einmal die von vorgestern, wie Marius ...«

»Ich lese«, sagte der Richter, »daß dieses Mädchen, das jetzt in Algier erklärt hat ...«

Petit Louis hätte fast »Scheiße« geschrieen.

Er konnte sich kaum mehr zurückhalten. Es war nicht nur Wut, sondern auch Angst, was ihn erfüllte. Man führte ihn auf ein Terrain, in einen Bereich, wo er den Boden unter den Füßen verlor. Er hatte das Gefühl, daß sich alles irgendwie auflöste, sogar der Richter, der ihm gegenübersaß, die Wände und auch der Anwalt, der Bouteille hieß.

»Während eines Besuches bei dieser Léa haben Sie dann die Dirne Louise Mazzone kennengelernt und wurden ihr Liebhaber. Die beiden Frauen haben sich geprügelt, und Louise Mazzone hat es dann vorgezogen, nach Marseille hinunter zu gehen, wo sie das gleiche Gewerbe ausübte ...«

Er kam nicht mehr mit. Es stimmte zwar irgendwie, aber es war doch ganz anders gewesen. Diese Worte hatten etwas Schockierendes und rückten die Dinge in ein vollkommen falsches Licht.

»... und sind der Liebhaber der Dirne geworden ...« So läuft so etwas nicht ab. Und Louise war auch nicht wegen einer Ohrfeige, die Léa ihr vor Kunden im Salon gegeben hatte, nach Marseille »hinunter«.

»Unterbrechen Sie mich, wenn Sie mit etwas nicht einverstanden sind ...«

»Weiter! Weiter!«

Das Verhör hatte wenige Minuten nach zwei Uhr begonnen, und erst gegen fünf Uhr war man bei Hyères und dann bei Nizza angelangt. Es war doch geradeso, als wollte der Richter über alles mögliche reden, nur nicht über Madame Ropiquet und ihren Tod.

»Im Juli findet die Polizei Sie in Nizza vor, wo Sie sich in der Wohnung einer Frau Ropiquet niedergelassen haben, einer Dame, die von ihrem Vermögen lebte und Stammgast im Casino an der Jetée war, wo sie sich als eine gewisse Gräfin d'Orval ausgab ...«

Petit Louis zuckte zurück. Er machte den Mund auf, um etwas zu sagen, schwieg aber dann.

Was ihn hatte zurückzucken und eine Falle, einen üblen oder zumindest gefährlichen Trick hatte wittern lassen, war die Tatsache, daß man nun plötzlich über mehrere Wochen seines Lebens hinwegging.

»... im Juli findet die Polizei Sie in Nizza vor ...«

Wenn man nun schon alles so genau aufs Korn nahm und dazu sogar bis in seine Kindheit zurückgriff, warum verlautete dann jetzt kein Ton über die Geschichte in Le Lavandou? Dabei hatte die Polizei sich doch wahrlich damit befaßt! Er war verhört worden, und man hätte der berühmten Akte doch auch das Originalprotokoll seines Verhörs beilegen können!

Aber nein! Keiner wollte wissen, wo er Constance überhaupt kennengelernt hatte. Man nahm die Sache einfach als gegeben an.

»... findet die Polizei Sie in Nizza ...«

Dabei hatte sich Inspektor Mine doch ganz speziell um ihn gekümmert, weil er genau wußte, daß er einzig und allein über ihn an die Bande von Marseille herankommen konnte!

»... Sie rufen Ihre Geliebte aus dem Bordell von Hyères, wo sie arbeitete, zu sich ... Sie zwingen Madame Ropiquet, diese schändliche Promiskuität hinzunehmen, und gewisse Nachbarn behaupten ...«

Da mußte er wieder lächeln. Er fragte sich schließlich, warum er sich überhaupt noch aufregen sollte. Das war doch zu idiotisch! Außerdem war es frisiert, der Beweis war ja, daß Monsieur Parpin mit keinem Wort erwähnt wurde!

»... Madame Ropiquet, die von ihrem Vermögen lebte ...«

Zum Teil vielleicht. Jedenfalls bekam sie auch monatliche Zuwendungen von ihrem pensionierten Zollbeamten, so daß sie doch genau besehen dasselbe Gewerbe ausübte wie Louise Mazzone!

Und es war doch ganz unmöglich, daß die Concierge den Freitagsbesucher nicht erwähnt hatte.

»... Am Freitag, den 18. August wird Madame Ropiquet das letzte Mal gesehen, und zwar im Restaurant ›La Régence‹, wohin Sie und Ihre Geliebte sie begleitet hatten ...«

»Entschuldigen Sie!«

Der Richter hob erstaunt den Kopf.

»Wer hat das berichtet?« fragte Petit Louis.

»Ich habe hier den Bericht des Inspektors ...«

»Des Inspektors Mine!«

»Das spielt doch keine Rolle. Er befand sich zufällig im Restaurant ›La Régence‹ und hat Sie gesehen ...«

»Und sonst hat er niemanden gesehen?«

Der Richter gab vor, im Protokoll noch einmal nachzulesen.

»Hier ist nichts erwähnt.«

»Ich möchte doch gern wissen, warum die vierte Person nicht genannt wird, denn wir saßen zu viert am Tisch und haben den Geburtstag Constances ...«

»Ich muß Sie doch bitten, das Opfer Madame Ropiquet zu nennen.«

»Wie Sie wünschen Jedenfalls befand sich ein gewisser Monsieur Parpin in unserer Gesellschaft, aber da es sich bei ihm um einen ehemaligen höheren Beamten handelt ...«

»Bitte schweigen Sie ...«

Der Anwalt erhob sich. Es sah aus, als gäbe es gleich ein Wortgefecht.

»Daß man so etwas mitanhören muß!« stöhnte Petit Louis und setzte sich wieder hin. »Da kommt da so ein alter Lustmolch ...«

»Ich fordere Sie noch einmal auf, zu schweigen, oder ich lasse die Wachtmeister rufen!«

»Wenn Sie meinen, daß Sie mir damit Angst einjagen können ...«

Er war jetzt wirklich geladen. Der Richter stotterte:

»Ich nehme zur Kenntnis, daß sich eine vierte Person in Ihrer Gesellschaft befand, und ich werde später entscheiden, ob ich es für notwendig erachte, diese zu vernehmen ...«

»Richtig so!« entgegnete der andere höhnisch.

»Ich nehme das Verhör dort wieder auf, wo ich unterbrochen worden bin.... das letzte Mal gesehen ...«

Petit Louis konnte nur noch mit großer Anstrengung zuhören, denn er war tief aufgewühlt. Er spürte, wie das Blut an seinen Schläfen pochte. Das Hemd klebte ihm am Rücken.

»... In jener Nacht aber verschwinden Sie spurlos ... Am nächsten Tag, einem Samstag, kommen Sie morgens zu Ihrer Mutter oder vielmehr zu Herrn Dutto, bei dem diese als Magd dient ... Ich werde Ihnen jetzt die Aussage Madame Berts vorlesen ...«

Petit Louis erschauderte und sah zu seinem Anwalt hinüber, als wollte er sich bei ihm versichern, ob all dies überhaupt rechtens sei.

»Frage: ›Haben Sie den Besuch Ihres Sohnes erwartet?‹

Antwort: ›Nein.‹

Frage: ›Gehörte es zu seiner Gewohnheit, Sie so überraschend zu besuchen?‹

Antwort: ›Das kam manchmal vor, und zwar immer dann, wenn er Geld brauchte.‹

Frage: ›Haben Sie Ihren Sohn auf dem Weg gesehen, als er sich dem Haus näherte?‹

Antwort: ›Nein.‹

Frage: ›Waren Sie drinnen oder draußen?‹

Antwort: ›Im Hof.‹

Frage: ›Es wäre also möglich, daß sich Ihr Sohn absichtlich so genähert hat, daß ihn keiner sah?‹

Antwort: ›Das würde zu ihm passen.‹

Frage: ›Einmal angenommen, daß er einen schweren Koffer bei sich hatte, den er verstecken wollte...‹

Antwort: ›Ich habe keinen Koffer gesehen.‹

Frage: ›Aber Sie haben Ihren Sohn nicht kommen sehen. Sie haben einer Nachbarin erklärt, daß er Ihnen unnormal vorgekommen ist...‹

Antwort: ›Kann sein.‹

Frage: ›Was haben Sie damit gemeint? Haben Sie nicht gesagt, daß er Ihnen bestimmt einmal übel mitspielen würde? Denken Sie gut nach... Bedenken Sie, daß die Nachbarin unter Eid ausgesagt hat...‹

Antwort: ›Ich weiß nicht mehr genau, was ich gesagt habe... Vielleicht habe ich gesagt, daß er sich noch austoben muß...‹

Frage: ›Entschuldigen Sie, aber die Nachbarin hat gesagt: ›übel mitspielen‹... Haben Sie nun ›austoben‹ gesagt oder ›übel mitspielen‹?‹

Antwort: ›Das kommt doch aufs gleiche heraus...‹

Frage: ›Also weiter! Hat Ihr Sohn Geld von Ihnen verlangt?‹

Antwort: ›Nein.‹

Frage: ›Also wissen Sie eigentlich nicht genau, was er in Le Farlet wollte?‹

Antwort: ›Ich weiß es nicht.‹

Frage: ›Er hätte also auch etwas verstecken können, ohne daß Sie etwas davon wußten?‹

Antwort: ›Kann sein, ich glaube es aber nicht.‹

Frage: ›Warum?‹

Antwort: ›Weil ich nicht glaube, daß er diese Frau umgebracht hätte. Wenn Sie mich nur fünf Minuten mit ihm allein lassen, jetzt, da Dutto tot ist und ich nach Nizza gehen kann, da sehe ich sofort, ob er das getan hat. Ich schwöre Ihnen, wenn er es getan hat, bin ich die erste, die es sagt ...‹«

Bei diesen Worten hob Richter Monnerville den Kopf und sagte sehr schnell zu dem an der Tür sitzenden Wachtmeister:

»Führen Sie die Zeugin herein.«

Petit Louis fürchtete, diesmal richtig verstanden zu haben. Sein Blick wanderte vom Richter über den Wachtmeister zur Tür, die jetzt aufging, und dann zu seinem Anwalt hinüber, er ballte die Fäuste und starrte auf die nun eintretende dunkle Gestalt, die durch den Trauerschleier noch plumper geworden war.

11

Sie hatte sich hingesetzt, und es war zu erkennen, daß unter all den Röcken, all den aufbauschenden Wäschestücken und nicht ganz reinlichen Stoffen ein magerer Greisinnenkörper steckte. Ihr Schleier war so dunkel, daß man nicht einmal sehen konnte, wohin sie blickte, daher sagte Monnerville in ermunterndem Ton:

»Ich muß Sie jetzt bitten, uns freundlicherweise Ihr Gesicht zu zeigen ...«

Eine mit einem schwarzen Halbhandschuh bekleidete Hand hob den Trauerschleier und deckte ein faltiges Gesicht mit gelber Haut und blassen Augen auf, die Petit Louis heimlich beobachteten und gleichzeitig seinem Blick auswichen. Es sah fast so aus, als hätte Madame Bert Angst vor ihrem Sohn, so wie gewisse Leute sich vor Sterbenden fürchten, weil sie noch nie welche gesehen haben. Sie beobachtete ihn verstohlen, als gehörte er bereits einer geheimnisvollen und grauenerregenden anderen Welt an, als sie aber dann feststellte, daß er sich nicht verändert hatte, daß dies immer noch derselbe Petit Louis war, zog sie ein Taschentuch aus ihrem Handtäschchen und fing zu weinen an.

»Es tut mir leid, Sie dieser Belastungsprobe aussetzen zu müssen, aber wir können im Interesse der Justiz nicht darauf verzichten.«

Petit Louis verschanzte sich hinter einer starren bedrohlichen Haltung. Ein Muskel an seinem Nasenflügel zitterte kaum wahrnehmbar, als sich sein Blick nun auf den Untersuchungsrichter heftete.

»Wenn er das getan hat, sterbe ich! ...« stöhnte die Alte und zog hoch. »Ich kann nicht glauben, daß der liebe Gott mir nach all dem Unglück auch dies noch schickt ... Wenn Sie wüßten, Herr Richter ...«

Sie flennte und verzog ihr greises Gesicht dabei zu einer Grimasse, die ihr einen kindlichen Ausdruck verlieh. Sie hatte wahrlich nicht die Ausstrahlung einer Frau, die an ihrem Leben gereift war, sondern wirkte wie eine hilflose Kreatur, die irgendwie dumpf neues Unglück auf sich zukommen sieht.

»Beruhigen Sie sich doch. Ich werde Ihnen jetzt eine oder zwei Fragen stellen, die Sie im übrigen dem Kommissar schon beantwortet haben, als er Sie vernommen hat ... Sehen Sie mich an.«

Gehorsam hob sie den Kopf und versuchte dem Richter aus Höflichkeit ein Lächeln zu schenken, das aber kläglich mißlang.

»Erinnern Sie sich einmal an den letzten Besuch Ihres Sohnes. Was haben Sie da am nächsten Morgen zu Ihrer Nachbarin gesagt?«

Madame Bert warf Petit Louis einen ängstlichen Blick zu und sah ihn dann noch einmal an, als wollte sie sagen:

»Tut mir leid für dich ... Aber es ist die Wahrheit! ...«

So sagte sie:

»Ich glaube, ich habe gesagt, daß er irgendwie unnatürlich wirkte ...«

»Haben Sie nicht auch etwas von einem üblen Ding gesagt?«

»Das heißt ... ich habe doch nicht *daran* gedacht ... Ich dachte, daß er sich vielleicht geprügelt hatte ... Er war sehr streitsüchtig ... Schon als kleiner Junge kam er immer mit Wunden und Beulen nach Hause.«

Dabei füllten sich ihre Augen mit Tränen.

»... wenn Sie wüßten, was ich in meinem Leben alles zu leiden gehabt habe, Herr Richter! ...«

Petit Louis wollte sie nicht mehr ansehen und versuchte, starr auf das mit grünem Perkal bezogene Mahagoni des Schreibtischs zu blicken.

»Gelitten haben Sie vor allem wegen Ihres Sohnes, der schon immer ein übles Subjekt gewesen ist ...«

Sie stimmte mit einem leichten Nicken zu.

»Und haben Sie nicht vielleicht nach dem 20. August im Haus oder im Weinberg irgendeinen Gegenstand gefunden, den Petit Louis hergebracht haben könnte? Oder haben Sie irgendwo frisch aufgeworfene Erde bemerkt? ...«

»So was dann doch nicht, Herr Richter!«

Verschämt versuchte sie, ihren Sohn anzusehen, was aber nur bewirkte, daß sie wieder in Tränen ausbrach. Da machte er eine kaum wahrnehmbare Armbewegung, eine Bewegung, die keinen Zentimeter weit reichte und auch durch die Handschellen sofort gebremst wurde. Seine Nasenflügel zitterten. Seine Augäpfel waren mit solcher Intensität auf den Richter geheftet, daß der Anwalt vor Verlegenheit zu hüsteln anfing.

»Sie haben Ihren Nachbarinnen gegenüber wiederholt geäußert, daß Petit Louis Sie bedroht hat. Haben Sie ihn also einer Straftat für fähig gehalten? Was haben Sie denn von seiner Seite befürchtet?«

Das ganze Drama war von Petit Louis' Gesicht abzulesen. Hunde, die der Vivisektion ausgesetzt werden, Hunde, die an den Menschen geglaubt haben, der ihnen nun mit seinem Skalpell die Nerven freilegt, Hunde, die leiden und nichts mehr verstehen, haben wohl diesen Blick und gleichzeitig auch diese anfallartigen Mordgelüste.

»Was haben Sie denn von seiner Seite befürchtet?«

Die Alte wußte nicht, was sie antworten sollte. Sie wollte dem Richter gefällig sein, gleichzeitig aber war es ihr unangenehm vor Petit Louis.

»Das sind Dinge, die man so in der Wut sagt...«

»Und er hat Sie niemals bedroht?«

»Mit einer ›Eureka‹-Pistole... Aus Spaß... Er war noch zu klein, um zu wissen, was er da tat...«

»Das hat ihn aber nicht gehindert, unablässig Geld von Ihnen zu verlangen, obwohl Sie doch gar kein Geld hatten!«

Madame Bert senkte den Kopf und schniefte. Dann fing sie wieder an, ihre Litanei herunterzuleiern:

»Ich bin immer unglücklich gewesen, immer! ... Auch schon damals, als mein armer Mann noch lebte, der im Bergwerk arbeitete, obwohl er ins Sanatorium gehört hätte. Und jetzt zeigen die Leute im Dorf mit dem Finger auf mich... Gassenjungen werfen mit Steinen nach mir... Dutto ist gestorben, und wissen Sie, was dann geschehen ist? ... Da ist ein Neffe aus Italien gekommen, der sich in dem Haus eingerichtet hat, aus dem er mich verjagte, ohne daß ich auch nur meine Sachen mitnehmen konnte... Was soll denn jetzt aus mir werden? Die Journalisten wollen Dinge aus mir herauspressen, die ich nicht weiß … Ich habe nur noch meine Kriegswitwenrente, und für die Hausarbeit will mich keiner mehr …«

Es war die Klage eines Kindes, eines Menschen ohne Bewußtsein, der einfach über sein eigenes Unglück nicht hinausblickte. Sie schoß immer kurze Blicke zu dem Richter, zu dem Anwalt und zu Petit Louis hinüber, wie um sich zu versichern, daß sie deren Mitleid erregte.

»Ich weiß nicht, was aus mir werden soll … Hier bitte! Das ist alles, was ich noch habe …«

Sie kramte fieberhaft in ihrem Täschchen, während der Richter dem Wachtmeister peinlich berührt einen Wink gab.

»Ich danke Ihnen, Madame, und entschuldigen Sie die Belästigung … Wir brauchen Sie jetzt im Augenblick nicht mehr …«

Er erhob sich höflich und verbeugte sich vor der Alten, die ihre Röcke raffte, wie in einem Salon.

»Ich bitte Sie dann nur noch, bevor Sie gehen das Protokoll dieser Gegenüberstellung zu unterzeichnen …«

Sie beugte sich über das Blatt, das der Protokollführer ihr entgegenhielt. Als sie sich wieder aufrichtete, erhob sich Petit Louis von seinem Stuhl und rief:

»Ma! …«

Sie standen sich ein paar Sekunden lang weinend gegenüber, dann wandte Petit Louis den Kopf ab und schimpfte:

»Ich schwöre dir, daß ich das nicht getan habe, daß ich sie nicht getötet habe!«

Danach sah er sie nicht mehr. Der Wachtmeister hatte sie hinausgeführt, und am Ende des Korridors wurde sie von Reportern und Fotografen bestürmt.

Der Richter wandte sich unerschütterlich an den Protokollführer:

»Verlesen Sie das Protokoll und lassen Sie es vom Beschuldigten unterschreiben ... Es sei denn, er überlegt es sich noch anders und gesteht ...«

Er selber hatte damit seinen Tag beendet, einen schweren Tag, so wusch er sich nun die Hände an einem kleinen Waschbecken, das in einem Wandschrank eingebaut war.

Petit Louis hatte sich verändert, und diesen finsteren Ausdruck, mit dem er den Richter angestarrt hatte, verlor er nun nie mehr.

Am nächsten Tag versuchte der Nordafrikaner, den man ihm als Zellengenossen aufgezwungen hatte, auf seine gewohnte Weise Spaß zu machen, da beschloß Petit Louis eiskalt, ihn zu verprügeln, weil die einzige Art, ihn loszuwerden, die war, ihn in die Krankenabteilung zu befördern.

Er hatte, wie jeden Morgen, auf dem Boden gelegen. Der Araber, dem vorne drei Zähne fehlten, lachte auf ganz widerliche Weise, und Petit Louis stand scheinbar vollkommen ruhig auf, packte seinen Zellengenossen am Hals und schlug ihn ihm mit der geballten Faust ins Gesicht.

Als er Blut aus der aufgeplatzten Lippe rinnen sah, kam er zu sich, dachte aber in Wirklichkeit nicht an das, was er hier tat, sondern an den anderen, an den Richter und die Dinge, die er nicht ausdrücken konnte.

Auf die Schreie hin kamen schließlich die Wärter. Nachdem sie die beiden Männer getrennt hatten, fingen sie nun zu viert an, auf Petit Louis einzuschlagen, dem man eine Zwangsjacke angezogen hatte.

Es machte ihm nicht viel aus! Er hatte keine Angst vor Schlägen und wenigstens erreicht, was er wollte, denn der Nordafrikaner wurde weggebracht.

Er wollte allein sein und finster und verbissen wie ein krankes Tier seinem Haß nachhängen. Er sah noch diese ungeheuer dicke Akte auf dem Tisch des Untersuchungsrichters vor sich, Blatt für Blatt mit Aussagen von Zeugen gefüllt, nach denen man in seiner Vergangenheit gestöbert hatte wie in einem Misthaufen und die irgendein niederschmetterndes Detail über ihn lieferten.

Dabei fehlte ja noch einiges! Petit Louis dachte mit einem hämischen Lächeln daran. Man hatte mit ihm weder über Niuta noch über die Concierge und eine Menge Leute gesprochen, die er in Nizza kennengelernt hatte, vor allem aber war noch nicht weiter von Louise Mazzone die Rede gewesen.

Allerdings hatte der Untersuchungsrichter ja noch gar nichts über das Drama gesagt! Er ging eben sehr sorgfältig und verantwortungsbewußt ans Werk!

Der Beweis dafür war, daß wiederum Tage vergingen, ohne daß Petit Louis zum Verhör abgeholt wurde.

Man ließ ihn nicht allein in der Zelle, wie er es gehofft hatte, sondern steckte einen Jugoslawen zu ihm, der kein Wort Französisch sprach, ein Koloß oder vielmehr ein muskulöses Ungeheuer, behaart wie ein Affe und mit einem Schultergürtel über den pornographischen Tätowierungen auf seiner Brust.

Petit Louis hatte verstanden. Der andere war dazu da, ihn zu bändigen, falls es ihm noch einmal einfallen sollte, wild um sich zu schlagen. Die beiden Männer nahmen sich gegenseitig so wenig wie möglich zur Kenntnis und lebten in der Zelle, als wäre diese in der Mitte durch eine Mauer geteilt.

Die Gefängniswärter veränderten ihr Verhalten, sie wurden brutaler, aber Petit Louis wußte nicht, daß dies nur ein Spiegel der Stimmung war, die, von den Zeitungen aufgepeitscht, jetzt allgemein gegen ihn herrschte.

Man war vor allem deshalb so aufgebracht gegen ihn, weil man nichts fand, weder die Leiche Madame Ropiquets, noch sonst irgendeine ernsthafte Spur, dank derer man ihm mehr als Urkundenfälschung und Betrug hätte vorwerfen können.

»Wir haben es hier wohl mit einem perfekten Verbrechen zu tun ...«, hatte ein Journalist geschrieben.

Auf diese Weise galt Petit Louis nun in der Öffentlichkeit als ein hochintelligenter und ungewöhnlich kaltblütig handelnder Mensch!

Monsieur Parpin war in der Zwischenzeit gestorben. Keiner hatte je seinen Namen genannt. Nur in einer Zeitung war etwas von einem alten Freund Constances erwähnt worden. Aber es hieß, der arme Mann habe versehentlich eine zu hohe Dosis Veronal geschluckt.

Petit Louis wußte nichts davon. Von seinem Anwalt hatte er nichts mehr gehört. Er verbrachte seine Tage damit, alles immer wieder neu durchzudenken. Erstaunlicherweise wurde er jetzt immer dicker, was ihm ein etwas zwielichtiges Aussehen verlieh.

Es vergingen fünfzehn Tage, bis der Gefängniswagen

ihn wieder ins Justizgebäude brachte, und zufällig regnete es auch an diesem Nachmittag.

Er setzte sich ohne Aufforderung gleich an seinen Platz und sah den Richter kalt an, der nun zwei Akten vor sich liegen hatte, die gelbe vom letzten Mal und dazu eine neue rote.

Der Anwalt saß beflissen und gleichgültig da wie ein Angestellter an seinem Schreibtisch. Petit Louis bemerkte, daß statt des einen jetzt zwei Wachtmeister im Raum blieben, was ihn zu einem geringschätzigen Grinsen veranlaßte.

»Sie sollten heute eine Erklärung über Ihre Beziehung zu Louise Mazzone abgeben, die in einem Bordell von Béziers aufgefunden und daraufhin verhört worden ist...«

Petit Louis horchte auf, sagte aber nichts.

»Ja bitte, ich höre!«

Er sagte nur zynisch:

»Was hat Sie Ihnen erzählt?«

Und als der Richter nicht gleich antwortete, fuhr er fort:

»Sie steht ja wahrscheinlich schon vor der Tür, und Sie machen dann den gleichen Trick wie bei meiner Mutter?«

»Ich muß Sie doch bitten, einen anderen Ton anzuschlagen, sonst schicke ich Sie sofort in Ihre Zelle zurück.«

»Wenn Sie denn so großen Wert darauf legen!«

»Ich habe Sie aufgefordert, mir zu erklären, in welcher Art von Beziehungen Sie zu Louise Mazzone stehen.«

»Das dürfte doch wohl klar sein, oder? Soll ich Ihnen vielleicht eine Zeichnung machen?«

»So klar, wie Sie das behaupten, ist das nun ganz und gar nicht! Wachtmeister, führen Sie die Dirne Mazzone herein ...«

Verdammt! Er hatte es doch geahnt! Die wollten ihn tatsächlich wie neulich nun mit Louise aufs Glatteis führen. Louise erschien in einem Wintermäntelchen, in dem sie so sittsam wirkte wie eine Arbeiterin. Auch ihr ganzes Verhalten war einstudiert, schon die Art, wie sie den Richter und den Anwalt grüßte!

»Bitte setzen Sie sich ... Mir liegt das Protokoll Ihrer Aussage vor dem Polizeikommissar von Béziers vor, und ich möchte Sie jetzt bitten, einige Punkte hier in Anwesenheit des Beschuldigten zu bestätigen ...«

Sie neigte zustimmend den Kopf, während Petit Louis vorgab, an andere Dinge zu denken.

»Sie haben erklärt, daß Petit Louis für Sie anfangs nur ein Kunde war wie andere auch, ein regelmäßiger Kunde, und daß erst im Laufe der Zeit eine engere Beziehung entstand ...«

»Richtig.«

»Der Beschuldigte gehörte also damals nicht zu dem, was die Zeitungen das Milieu nennen?«

»Er hat nie dazu gehört.«

»Er hat nie dazu gehört. So ist es! Oder genauer gesagt, die Leute aus dem Milieu haben ihn nicht akzeptiert, sondern ihn als Dilettanten behandelt?«

»Wir haben ihm nicht getraut.«

»So haben Sie sich ausgedrückt. Sie haben sich ihm aber dann angeschlossen ...«

»Das heißt, er wollte mich ›da herausholen‹, wie er sagte. Er behauptete, daß ich unglücklich sein mußte und daß er mir helfen wollte, ein neues Leben anzufangen ...«

»Hat er zu dem Zeitpunkt gearbeitet?«

»Nicht regelmäßig.«

»Nicht regelmäßig, das möchte ich hier doch hervorheben! Und was ist dann geschehen?«

»Ich bin aus dem Marseiller Haus weg, um mit ihm zusammenzuziehen, aber ich habe schon bald gemerkt, daß er kein Geld hatte, so bin ich in Hyères wieder ins Bordell.«

»Haben Sie ihm denn abgeliefert, was Sie verdienten?«

»Nein! Wenn er kam, gab ich ihm kleinere Beträge, weil er immer blank war. Aber ich hatte da ja meinen anderen Freund, der ...«

»Danach habe ich Sie nicht gefragt!« warf der Richter hastig ein. »Das geht die Justiz nichts an ...«

Petit Louis hob den Blick und setzte ein Lächeln auf, das seine abgrundtiefe Verachtung ausdrückte.

Louise hatte sich ihm nicht ein einziges Mal zugewandt, er sah sie nur von der Seite.

»Was ist dann geschehen?«

»Er hat immer weiter auf mich eingeredet, daß ich mit ihm gehen und ein anderes Leben anfangen sollte. Einmal kam er dann und erzählte, daß sich jetzt seine Tante, die in Nizza lebte und reich war, um ihn kümmerte und daß ich auch dorthin kommen sollte.«

»Er hat gesagt, seine Tante?«

»Sonst wäre ich ja nicht hingegangen. Erst als ich dann

merkte, was los war, bin ich lieber wieder weg, denn ich habe schon geahnt, daß dies böse enden würde.«

»Sie haben schon damals geahnt, was geschehen würde?«

»Genau natürlich nicht.«

»Was meinen Sie damit?«

»Daß Petit Louis eben schwierig ist. Man weiß bei ihm nie, wo man dran ist. Ich habe aber genau gemerkt, daß er mich in widernatürliche Geschichten hineinziehen wollte, so wie bei dem Abendessen mit dem Alten ...«

»Ich muß Sie bitten, hier nicht über Tote zu sprechen ...«

»Entschuldigen Sie«, fügte sie hastig hinzu.

Petit Louis hob noch einmal den Kopf, auf diese Weise erfuhr er nun also, daß Monsieur Parpin tot war.

»Kam es denn häufig zum Streit zwischen Petit Louis und seiner angeblichen Tante?«

»Schon.«

»Und dabei ging es dann wohl um Geld?«

»Sie war gewiß nicht immer so großzügig, wie er es gewünscht hätte.«

»Kurz, Sie haben es vorgezogen, in das Bordell zurückzukehren, um nicht in Geschichten hineingezogen zu werden, die Ihnen fragwürdig erschienen?«

»So könnte man es ausdrücken.«

»Ich danke Ihnen. Ich habe keine weiteren Fragen an Sie. Bitte unterschreiben Sie noch das Protokoll, dann können Sie gehen. Ich nehme an, Louis Bert, daß Sie keine Einwände gegen diese klare und deutliche Aussage der Zeugin erheben?«

Nur um Louises Gesicht einmal von vorne sehen zu können, brummte Petit Louis:

»Ich möchte doch wissen, wie sie daraufkommt, daß das meine Tante war, nachdem wir zu dritt miteinander geschlafen haben!«

Sie zuckte tatsächlich zusammen und stammelte an den Richter gewandt:

»Ich weiß nicht, wovon er redet.«

Worauf der Richter streng entgegnete:

»Ich bestehe darauf, daß diese Untersuchung nicht in ein noch skandalöseres Licht gerät als ohnehin schon geschehen ...«

Das war doch alles manipuliert! Er hatte es schon lange geahnt! Nun hatte er den empörenden Beweis. Er wandte sich nicht einmal mehr um, als Louise Mazzone hinaustrippelte, wie sie es wohl bei vornehmen jungen Damen gesehen hatte.

»Fertig?« fragte er verachtungsvoll. »Soll ich ebenfalls unterschreiben?«

Der Richter wurde hochrot und erwiderte:

»Die Fragen stelle hier ich!«

»Dann könnten Sie mich ja vielleicht fragen, ob ich Constance getötet habe, denn ich habe sie nicht getötet, und Sie sind hier hundertprozentig auf dem Holzweg!«

»Ruhe!«

»Ich werde ja noch eine Erklärung abgeben dürfen, oder vielleicht nicht? Schließlich sitze ich ja im Gefängnis, und bis jetzt hat mir noch keiner gesagt, was mir eigentlich zum Vorwurf gemacht wird!«

Der Richter schlug mit der Faust auf den Tisch. Der Anwalt fühlte sich veranlaßt, einzugreifen:

»Herr Untersuchungsrichter, vielleicht könnte man ja meinen Mandanten tatsächlich auffordern ...«

»Ich muß schon bitten. Sie können bei der Verhandlung auffordern, wen Sie wollen. Hier wird aber *meine* Untersuchung durchgeführt, und zwar so, wie ich es für richtig halte, und davon lasse ich mich auch nicht durch das ungebührliche Verhalten dieses Individuums abbringen ...«

Petit Louis lachte. Er setzte sich wieder. Er sah den Untersuchungsrichter an, als wollte er sagen:

»Mach ruhig weiter! ... Es hat ja ohnehin alles keinen Sinn ...«

Zur Strafe ließ man ihn eine halbe Stunde lang warten, während Monnerville ein Glas Wasser trinken ging und draußen von Journalisten aufgehalten wurde.

Louise Mazzone war in ein nahe gelegenes kleines Café zurückgekehrt, wo Gène und Charlot auf sie warteten, dann fuhren sie gemeinsam mit dem Auto ab.

Als der Richter wieder hereinkam, sagte er gespreizt:

»Ich nähre die Hoffnung, daß Sie mich dieses Verhör in angemessener Form zu Ende führen lassen. Wir haben noch zwei Zeugen, die dem Beschuldigten gegenübergestellt werden müssen: zunächst Laure Moneschi, eine Dirne aus Menton, die am 24. August auf Bitten von Louis Bert zum Postamt ging, wo sie mit Hilfe eines Personalausweises der Verstorbenen ...«

Der Anwalt wollte sich wenigstens ein einziges Mal auch einmischen und sagte sanft:

»Entschuldigen Sie! Es ist keinesfalls erwiesen, daß Constance Ropiquet tot ist. Uns liegt hier kein Totenschein vor ...«

Petit Louis mußte diesem jungen Mann, dem nichts anderes eingefallen war, unwillkürlich ironisch zulächeln.

Man rief die Dirne Moneschi herein. Im Unterschied zu Louise hatte sie sich sehr auffallend angezogen, sie trug ungeheuerlich viel glänzendes Violett. Sie war dick und lieb. Sie lispelte und ließ keine Einzelheit aus.

»Als wir dann im Zimmer waren und ich merkte, daß er sich nicht auszog, habe ich gefragt, warum er denn mit heraufgekommen ist ... Und da hat er dann gesagt, daß er sich lieber unterhalten wollte und mich gefragt, ob ich fünfhundert Francs verdienen wollte ... ›Wenn es eine ehrliche Sache ist!‹ habe ich ihm da geantwortet ... Und er hat mir beim Leben seiner Mutter geschworen ...«

»Entschuldigen Sie!« unterbrach sie der Richter.

»Doch wirklich, er hat mir geschworen ... Wie sollte ich ihm da nicht glauben ... Ich habe ein kleines Mädchen im Internat in Piemont. Vor allem deshalb habe ich mich darauf eingelassen ...«

»Louis Bert, bestätigen Sie die Richtigkeit dieser Aussage?«

»Es stimmt, daß ich mich dieser Person bedient habe, um eine Postanweisung über zehntausend Francs in Empfang nehmen zu können, aber ich habe Constance Ropiquet nicht getötet.«

»Unterschreiben Sie, Madame ... Das ist alles ...«

»Also stimmte es gar nicht?«

»Was meinen Sie?«

»Man hat mir gesagt, daß ich verfolgt würde, weil ...«

»Es ist hinreichend erwiesen, daß Sie in gutem Glauben gehandelt haben. Unterschreiben Sie hier! Mit Ihrem richtigen Namen, ja ... Danke ...«

»Kann ich jetzt nach Menton zurück? Ich muß nämlich ...«

»Sie können nach Menton zurück. Wachtmeister, begleiten Sie diese Person hinaus und führen Sie Mademoiselle ... warten Sie ...!«

Er mußte den Namen in seiner Akte nachsehen.

»... führen Sie Mademoiselle Niuta Ropichek herein! Teilen Sie den übrigen Wartenden mit, daß ich sie heute nicht mehr vernehmen kann, sondern sie später noch einmal vorlade ...«

## 12

Schon gleich an der Art, wie sie hereinkam, war zu erkennen, daß Niuta bereits lange wartete, und zwar nicht nur hier im Vorzimmer – sie hatte darauf gewartet, Petit Louis endlich sehen und mit ihm reden zu können und dann die Wahrheit herauszuschreien. Als sie sah, daß er sich verändert hatte, stockte sie unmerklich, er war dick geworden und seit Tagen nicht rasiert, auch trug er keinen Hemdkragen, und seine Haltung war, als er den Namen des jungen Mädchens vernahm, noch lauernder geworden als zuvor.

Sie kam von draußen, von draußen aus der frischen Herbstluft, und mit ihr wehte noch ein wenig Straßengeruch mit herein, der Erinnerungen an den Straßenbahn- und Autoverkehr, an die über die Kreuzungen hastende Menschenmenge weckte. Sie war sauber und ordentlich. Entschlossen näherte sie sich und hob an:

»Monsieur Louis, ich wollte Ihnen sagen ...«

Wie der Vorsitzende bei einer Verhandlung rief Monnerville sie zur Ordnung, indem er mit seinem Lineal auf den Schreibtisch klopfte.

»Mademoiselle, ich muß Sie bitten, sich mir zuzuwenden und nicht mit dem Beschuldigten zu sprechen ...«

»Aber warum darf ich nicht ...«

»Sie haben nur dann zu reden, wenn Sie gefragt werden!«

Während er gegenüber der wabbeligen Nutte aus Menton wohlwollend gewesen war, lehnte er dieses fassungslose junge Mädchen instinktiv ab.

»Sie haben der Polizei erklärt ...«

»Aber ich schwöre ...«

»Ruhe! Sie haben der Polizei erklärt, daß Sie Louis Bert am Dienstag, den 23. August kurz vor zwölf begegnet sind. Er trug ein ziemlich großes Paket, und die Begegnung schien ihm peinlich zu sein.«

Niutas zarte Finger zitterten vor Ungeduld, sie bewegte die Lippen, weil sie etwas sagen wollte.

»Man hat mich gebeten ...«

»Es spielt keine Rolle, was man sie gebeten hat. Bleiben Sie bei dieser Aussage? Haben Sie tatsächlich am 23. August ...«

»Ich weiß nicht.«

Sie sah Petit Louis hilfesuchend an.

»Bitte denken Sie genau nach, Sie wissen, welche ernsten Folgen alles hat, was Sie jetzt aussagen. Es geht um Mord, vergessen Sie das nicht. Es gibt da eine Tote. Ihre Aussage ...«

»Ich kann mich an nichts erinnern!«

»Dem Inspektor haben Sie aber genauere Angaben gemacht ...«

»Er hat sowohl die Fragen gestellt, als auch die Antworten gegeben ...«

»Sie haben unter anderem erklärt, daß Sie in der Nacht vom 20. zum 21. August aus der Wohnung, in der sich Madame Ropiquet und ihr Liebhaber befanden, einen Streit mit angehört haben ...«

Petit Louis hob überrascht den Kopf, denn jetzt hatte

er alle Daten im Kopf, und die Nacht, von der hier die Rede war, war jene, die er in der Kneipe seiner Schwester in Toulon verbracht hatte.

»Bleiben Sie bei Ihrer Aussage?«

»Nein!«

»Ich muß Sie noch einmal dringend bitten, genau zu überlegen, was Sie tun ...«

»Der Polizist hat mich gefragt, ob ich irgendwann einmal Geräusche gehört hätte. Er hat mir so viele Fragen gestellt, daß ich am Ende ganz durcheinander war ...«

Sie drehte sich jedesmal in der Hoffnung auf ein winziges Zeichen der Zustimmung nach Petit Louis um.

»Dann werde ich Sie etwas anderes fragen. Sind Sie sicher, daß Ihre Beziehungen zu dem Beschuldigten nicht doch mehr gewesen sind als rein nachbarschaftliche Beziehungen?«

Petit Louis lachte vor Empörung hämisch auf. Niuta dagegen riß die Augen auf und wäre fast in Tränen ausgebrochen, als sie dann verstand.

»... Und können Sie mir nicht auch sagen, daß Sie vollkommen allein in Nizza sind, daß keiner auf Sie aufpaßt und Ihre Mutter währenddessen auf Amerikareise ist?«

Und ohne ihr einen Augenblick Zeit zu lassen, um sich wieder zu fangen, schloß er:

»Ich werde Sie noch einmal vorladen, wenn Sie über alles nachgedacht haben!«

Petit Louis konnte ihn nur noch bewundern! Die Akte wurde jeden Tag dicker, immer umfassender und immer sorgfältiger ausgearbeitet in den Details. Leute, die Petit

Louis ganz vergessen hatte und die man Gott weiß wo auftrieb, tauchten auf, um fast nichts auszusagen, oder höchstens eine winzig kleine Retusche am Porträt des Beschuldigten vorzunehmen, so sagte einer:

»Er ist an einem Samstag abend abgereist, ohne seine Rechnung zu bezahlen ...«

Das war ein Hotelbesitzer, den man aus Avignon herbestellt hatte, wobei sich aber die fragliche Rechnung auf zweiundvierzig oder dreiundvierzig Francs belief!

Fast jeden Tag wurde Petit Louis mit dem Gefängniswagen, aber immer wieder von anderen Wachtmeistern, abgeholt. Man führte ihn jetzt nicht mehr in das Dienstzimmer des Untersuchungsrichters. Neben diesem lag ein finsterer kleiner Raum, eine ehemalige Garderobe, in der nur eine Bank stand, dort mußte er manchmal ein paar Minuten, manchmal aber auch eine Stunde warten. Dann ging die Tür auf, und man stieß ihn in das anliegende Büro. Dort sah er dann auf einem Stuhl irgendein neues Gespenst sitzen, einen Busschaffner, den Kneipenwirt von Le Pradet, einen Gast, mit dem er bei seinem Schwager Belote gespielt hatte.

»Das ist er doch?« fragte Monnerville, während Petit Louis dastand.

»Er ist es! Vielleicht war er ein bißchen magerer, aber er ist es trotzdem ...«

Darauf führte man Petit Louis wieder hinter die Kulissen. Er spielte nur eine stumme Rolle. Er mußte selber erraten, was die auf diese Weise zu seiner Identifizierung aufgeforderten Leute dem Untersuchungsrichter wohl zu berichten hatten.

So wurde er auch seinem ehemaligen Feldwebel

gegenübergestellt, der jetzt Croupier in Juan-les-Pins war.

Ein anderes Mal handelte es sich um Unbekannte, einen Mann und eine Frau, Bauern, die Petit Louis beim besten Willen nicht erkannte. Er konnte nicht ahnen, daß man im Teich von Thau in der Nähe von Sète ein menschliches Bein aufgefischt hatte. Nun hatten ein biederer Lebensmittelhändler und seine Frau gemeint, in Petit Louis, dessen Foto in allen Zeitungen erschienen war, einen Kunden wiederzuerkennen, der eines Abends mit einem riesigen Paket in ihren Laden gekommen war, was ihnen merkwürdig erschien.

Darüber war in der Presse bereits spaltenweise geschrieben worden. Der Lebensmittelhändler und seine Frau hatten sich nun am Morgen eingefunden, und bei dieser Gelegenheit wurde Petit Louis nicht allein vorgeführt, sondern in Gesellschaft von drei weiteren Personen.

»Befindet sich der besagte Mann unter diesen Personen hier?«

Der Lebensmittelhändler sah seine Frau ratlos an und schüttelte dann den Kopf. Sie aber zeigte schließlich auf einen Polizeiinspektor und stammelte:

»Irgendwie meine ich, er war größer, sonst würde ich sagen, dieser hier war es. Aber ich glaube, er hat einen kleinen Chaplin-Schnauzer gehabt...«

Auf diese Weise kam eine Zeugenaussage zur anderen. Monnerville und sein Schreiber arbeiteten zwölf bis dreizehn Stunden täglich und schickten in alle Gegenden Frankreichs Rechtshilfeersuchen.

Petit Louis sah die dicken Frauen aus der Bar an der

Landstraße wieder, wo er mit den Engländern gezecht hatte.

»Können Sie bestätigen«, fragte der Richter, »daß dieser Mann mit Ihren Gästen weggegangen und in deren Auto eingestiegen ist?«

Und sie, die hinter der Theke ein so großes Mundwerk gehabt hatten, standen jetzt da wie zwei dicke Larven und sahen sich ebenso unschlüssig an wie der Lebensmittelhändler und seine Frau es getan hatten.

»Hast du das gesehen?«

»Kann mich nicht erinnern.«

»Bitte antworten Sie, ohne sich gegenseitig abzusprechen. Können Sie versichern ...«

»Versichern nicht! Sie wissen doch, wie das geht! Wir wollten endlich schließen ...«

Es war doch manchmal zum Weinen! Da trieb man alle Leute auf! Alle konnten irgend etwas versichern, selbst wenn es um Irrtümer oder Lügen ging.

Und hier handelte es sich nun wirklich um eine Tatsache. Petit Louis war ja sehr wohl mit den Engländern abgefahren. Das war ein sehr wichtiges Detail, denn der Richter versuchte nachzuweisen, daß das Verbrechen in jener Nacht stattgefunden hatte.

Und da konnten sich nun diese dicken Weiber nicht erinnern! Sie ließen sich von dem Richter beeindrucken und verunsichern.

Und diese Polizei, die Feldwebel und Schulkameraden herbeizitierte, sollte nicht in der Lage gewesen sein, das Auto mit dem Kennzeichen GB und seine Insassen aufzuspüren, als ob die an der Côte d'Azur Unbekannte gewesen wären!

Petit Louis gewöhnte sich daran, er empörte sich schon gar nicht mehr. Am Morgen wartete er, bis es Nachmittag wurde und sich entschied, ob er wieder zur Fron ins Justizgebäude abgeholt wurde, wie er das nannte. Manchmal zog er die herausgeputzten und wohlgenährten Gendarmen auf, die ihn bewachten. Seine Späße waren böse und gemein, denn seine Nerven waren zum Zerreißen gespannt. Während er in der Rumpelkammer wartete, versuchte er, etwas von dem zu verstehen, was nebenan ausgeheckt wurde.

Einmal hätte er aber dann doch fast die Fassung verloren: das war, als man ihn plötzlich zwei alten Jungfern gegenüberstellte, deren eine ein Lorgnon trug. Er kannte sie. Er war ganz sicher, sie zu kennen. Er spürte auch, daß ihr Auftritt hier irgendwie eine Katastrophe bedeutete, dennoch konnte er sich eine ganze Weile nicht erinnern, wo er ihnen schon begegnet war.

»Ist er das? Können Sie es in aller Form bestätigen?« fragte Monnerville, dem diese Frage nun schon zur Gewohnheit geworden war.

»Was meinst du, Thérèse?« fragte eine Schwester die andere.

»Ich meine, daß er das ganz sicher ist. Wenn ich seine Hände sehen könnte, hätte ich keinen Zweifel mehr, denn ich habe ihm ...«

Jetzt hatte Petit Louis verstanden! Das waren die Inhaberinnen des Handschuhgeschäfts, in dem er an jenem berühmten Abend gegen acht Uhr Gummihandschuhe verlangt hatte und wo man ihm aber nur Lederhandschuhe hatte anbieten können.

»Petit Louis, zeigen Sie Ihre Hände.«

»Sechseinhalb! Ich erkenne sogar den Daumen wieder, der mir aufgefallen war...«

Dann wich sie entsetzt zurück, weil sie so nahe neben einem Mörder gestanden hatte.

Einer, den Petit Louis auch ganz vergessen hatte, war ein Kellner aus einem Café, dieser erkannte ihn zwar erst nicht mit Gewißheit wieder, erzählte aber dann:

»... er hat verlangt, daß ich ihm irgend etwas Starkes einschenken sollte, und da ich mich wunderte, hat er dann etwas von einem Straßenbahnunfall geredet, den er angeblich gerade miterlebt hatte... Da habe ich ihm dann erzählt, daß ich gerade eine Woche zuvor...«

Monnerville mußte diese ganze Welt nun auf seinen schmächtigen Schultern tragen! Denn es war wirklich eine ganze Welt, die da allmählich entstanden war, mit Hauptrollen, Komparsen, tragischen, grotesken und komischen Figuren, mit jungen Dienstmädchen und alten Jungfern, sogar der Greis mit dem Holzkopf trat auf, er wurde einzig und allein dafür vorgeladen, um auszusagen, daß er den lieben langen Tag immer nur am Fenster stehe und daß ihm nichts Ungewöhnliches aufgefallen sei! Er war taub. Man mußte ihm die Fragen aufschreiben, und er antwortete dann schreiend.

An gewissen Tagen wimmelte es im Gang von Menschen, und alles drehte sich jetzt nur noch um Petit Louis.

Als hätte man eine Anzeige in die Zeitungen gesetzt oder als wäre eine Epidemie der Zeugenaussagen ausgebrochen!

Ein Handelsreisender schrieb aus Bourges; einem Milchhändler aus Pas-de-Calais wurden die Reisekosten bezahlt, damit er dann aussagte, Petit Louis noch nie gesehen zu haben und daß der Mann, den er meinte, auf der linken Wange eine Schmarre hatte.

Drei Tage lang ging es nur um Daten und Uhrzeiten, und am Schluß gerieten alle durcheinander, der Richter, Petit Louis, die Zeugen, die man für den nächsten Tag noch einmal vorladen mußte, nachdem sich ergab, daß ihre Aussage nicht mit dem von Monnerville aufgestellten Zeitplan übereinstimmte. Und dieser Zeitplan war eben falsch. Einige Leute hatten sich um einen Tag vertan, andere um eine ganze Woche!

Und dann plötzlich Totenstille. Acht Tage lang ließ man Petit Louis in seiner Gefängniszelle, wo jetzt anstelle des Jugoslawen, der gerade zu zehn Jahren verurteilt worden war, ein betrügerischer Buchhalter mit einsaß, der beim Reden immer spuckte und dem Petit Louis schon am ersten Tag befohlen hatte, den Mund zu halten.

Eines Morgens wurde ihm dann endlich der Besuch seines Anwalts angekündigt, und der Buchhalter wurde solange hinausgeführt. Die ganze fieberhafte Geschäftigkeit des Untersuchungsrichters schien sich, einfach schon dadurch, daß er in Monnervilles Dienstzimmer zu tun hatte, nun auch auf Anwalt Bouteille übertragen zu haben.

Unwillkürlich legte er die verdiente Zufriedenheit eines Mannes an den Tag, der eine Titanenarbeit bewältigt hat, und verkündete fast fröhlich:

»Es ist geschafft! Die Anklagebehörde verweist uns an das Schwurgericht der Alpes-Maritimes, die Anklage lautet auf vorsätzliche Tötung, Verbergen einer Leiche,

Raub, Veruntreuung, Fälschung und Gebrauch falscher Urkunden ...«

Er stellte seine zum Platzen volle Aktentasche auf den Tisch und fuhr stolz fort:

»Die Akte enthält achthundertdreiundzwanzig Beweisstücke, und zweihundertsiebenunddreißig Zeugen sind vernommen worden! Nun müssen wir uns wirklich ernsthaft unterhalten. Unser Fall wird das große Ereignis der kommenden Sitzungsperiode. Ich darf wohl ohne falsche Bescheidenheit sagen, daß ich mich fähig fühle, Ihre Verteidigung allein zu übernehmen, auch wenn ich zunächst überlegt habe, einen Starverteidiger aus Paris zu Hilfe zu rufen ...«

»Sie wissen doch genau, daß ich kein Geld habe!« erwiderte Petit Louis, dem die Sache keinesfalls zu Kopf stieg.

»Sie scheinen nicht zu wissen, daß beim gegenwärtigen Stand der Dinge jeder Anwalt Ihre Verteidigung freudig auch gratis übernehmen würde! Auch ausländische Journalisten, die über den Fall geschrieben haben, haben mich schon aufgesucht und werden ebenfalls anwesend sein. Ich habe die Idee, einen Pariser Kollegen zu rufen, dann vor allem deshalb verworfen, weil die Geschworenen von Nizza es nicht sehr schätzen, wenn sich Auswärtige in ihre Angelegenheiten einmischen. Dafür könnte ich Beispiele aus jüngster Vergangenheit nennen ...«

Petit Louis betrachtete den aufgeregten Anwalt wie ein Wesen von einem anderen Stern. Wenn man Bouteille so zuhörte, konnte man geradezu glauben, daß es um ihn selber ging, daß dies sein Fall, sein Prozeß war!

»Gestern habe ich mich mit zwei hervorragenden Anwälten aus Nizza besprochen, meiner Meinung nach den besten, und sie haben beide zugesagt, mir zu assistieren ...«

»Na, wenn es nichts kostet!« sagte Petit Louis gleichgültig. »Wann komme ich dran?«

»Wahrscheinlich im Juni.«

»Wie? Nicht früher?«

»Bedenken Sie doch, daß wir bis dahin unsere Verteidigung vorbereiten müssen. Jetzt, da die Untersuchung abgeschlossen ist und wir Bewegungsfreiheit haben, fängt ja die eigentliche Arbeit erst an. Haben Sie sich ein Verteidigungssystem ausgedacht?«

»Was denn für ein System?«

»Sie werden sich ja wohl darüber im klaren sein, daß die Akte erdrückend ist? Monnerville ist zweifellos der denkbar gewissenhafteste Untersuchungsrichter, und er steht im Ruf, vollkommen integer zu sein. Wir müssen jetzt überlegen, ob wir uns schuldig bekennen, dabei aber den Vorsatz bestreiten und auf mildernde Umstände plädieren oder ob wir gegen alle erdrückende Beweislast weiterhin leugnen.«

»Selbstverständlich!«

»Hören Sie mal zu, Petit Louis, unter uns kann ich Ihnen ja sagen ...«

Nein nichts! Gar nichts! Petit Louis würde nichts gestehen, weder seinem Anwalt noch den zusätzlichen Verteidigern, noch sonst irgend jemandem! Dazu war er fest entschlossen, so hörte er dem Gerede Bouteilles schon gar nicht mehr zu, dem schon die Zunge heraushing wie einer klatschsüchtigen alten Concierge.

»Verstehen Sie denn nicht, daß Sie Ihr System nicht aufrechterhalten können?«

»Das ist kein System.«

»Nach allem, was man bei Ihnen gefunden hat...«

»Hören Sie mal!« fiel ihm Petit Louis ins Wort. »Kann ich hier nicht irgend etwas arbeiten? Hausschuhe, Spielsachen, Rohrpfeifen, egal was...«

Er konnte diese Schwätzer nicht mehr ertragen, es ermüdete ihn. Schon der Anblick dieses aufgeregt auf ihn einredenden Anwalts widerte ihn an.

»Aber wir müssen doch...«

»Ja! Ein andermal... Wissen Sie, wo meine Mutter ist?«

»Ein Journalist aus Nizza, der sie im Justizgebäude gesehen hat, war so von ihrer Not beeindruckt, daß er sie als Haushälterin bei sich aufgenommen hat...«

Petit Louis quittierte es mit einem gemeinen Blick, er konnte Journalisten auch nicht besser leiden als Richter und Anwälte und fragte sich, was man seiner Mutter wohl noch aus der Nase ziehen würde.

»Hören Sie, ich komme wieder, sobald...«

»Genau! Und denken Sie daran, daß ich arbeiten will...«

Und er arbeitete dann tatsächlich. Er tat es erstaunlich eifrig, geschickt und ganz ruhig. Hingebungsvoll und ohne den Blick zu heben oder das Wort an seinen Zellengenossen zu richten, widmete er sich von morgens bis abends der Herstellung leichter Spielsachen aus weißem Holz, als hätte sein Schicksal davon abgehangen, daß es ihm gelang, möglichst viele solcher zierlichen Gegenstände fertigzubekommen.

Das verhinderte jedoch nicht, daß er immer mehr in die Breite ging. Sein Blick wurde immer düsterer und verhangener und bekam etwas Zögerndes. Es wirkte fast so, als hätte er Angst, ihn auf jemanden oder auf etwas zu richten. Er sah immer nur ganz kurz auf und blickte dann mit heftig flatternden Lidern schnell wieder weg.

Zwei- oder dreimal besuchte ihn der Gefängnisdirektor, der über sein so beispielhaftes Verhalten staunte, und ein anderes Mal schickte man den Anstaltsgeistlichen zu ihm, der sich begeistert über seine Geschicklichkeit äußerte. Petit Louis sagte nichts. Er sah den Mann in der Soutane genau so an wie alle anderen: mißtrauisch und wie einer, der den Kontakt zu seinen Mitmenschen verloren hat.

»Meinen Sie denn nicht, Petit Louis, daß Ihnen ein offenes und freies Gespräch mit mir Erleichterung und vielleicht auch Trost bringen könnte?«

Er antwortete nicht, sondern sah nur kurz auf. Dabei waren Petit Louis' Hände unablässig mit den Werkzeugen für die Puppen beschäftigt.

»Ich habe Ihre Mutter getroffen, die während der ganzen Zeit, die sie in Le Farlet gelebt hat, die Religion vergessen hatte, jetzt aber schöpft sie wieder neue Kraft daraus, um ihre schweren Prüfungen zu bestehen ...«

Wieder nur ein Blick, der nichts Gutes zu bedeuten hatte, so daß dem Anstaltsgeistlichen schließlich, genau wie dem Anwalt, gar keine andere Wahl blieb, als beim Hinausgehen zu stammeln:

»Ich komme wieder... Ich hoffe noch immer auf die Gnade Gottes ...«

»Das klingt ja, als redeten die alle schon zu einem zum

Tode Verurteilten«, zischte der Buchhalter, der seinen Zellengenossen inzwischen abgrundtief haßte, und spuckte dabei durch die Zähne.

Und kein Mensch auf der Welt hätte zu sagen vermocht, was hinter der gewölbten Stirn Petit Louis' vorging, während er sich mit den Fingern dieser unschuldigen Tätigkeit hingab.

Er wollte vor allem deshalb von niemandem Hilfe, weil er genau wußte, daß er nun endgültig allein war, doch das entmutigte ihn nicht etwa, sondern verlieh ihm im Gegenteil eine zähe Energie.

Hatte denn Rechtsanwalt Bouteille nicht gehofft, daß er gestehen würde:

»Jawohl, ich habe Constance Ropiquet getötet! Retten Sie mich! Tun Sie alles, um wenigstens meinen Kopf zu retten ...«

Doch davon war er weit entfernt! Er hatte über alle den Stab gebrochen und war sich voll bewußt, daß er sich nur selber helfen konnte.

Es vergingen Wochen. Er aß alles, was man ihm vorsetzte, und beklagte sich nie. Hin und wieder machte er ein paar Späße mit einem seiner Wärter, einem Rothaarigen, der etwas sympathischer aussah als die anderen und durch die Nase sprach.

Die beiden Anwälte aus Nizza, die »Asse«, suchten ihn auf; aber er machte ihretwegen nicht etwa Toilette und dankte ihnen auch nicht dafür, daß sie geruhten, sich um ihn zu kümmern.

Er sagte in ziemlich flegelhaftem Ton:

»Macht euch keine Sorgen um Petit Louis. Man wird ihm ja nicht gleich den Kopf abreißen ...«

Er sah es doch allen an, die in seine Nähe kamen, daß er in ihren Augen schon dazu verurteilt war, seinen Kopf zu verlieren. Das wurde auch immer deutlicher, je mehr Zeit verstrich und je näher man der Sitzungsperiode des Schwurgerichts kam. Der Rothaarige ließ ihm ein paar Aufmerksamkeiten angedeihen. Seine Anwälte brachten ihm Süßigkeiten.

Alle schienen sagen zu wollen:

»Ist er sich denn über seine Lage nicht im klaren?«

Petit Louis sah sie nur aus seinen starren Augen an, die undurchdringlich blieben. Er sah sie an, überlegte, dachte stundenlang nach und beschäftigte sich dabei mit seinen Händen. Während seine ganze Umgebung zusehends nervöser wurde, war er schließlich von einer Ruhe durchdrungen, die er so noch nie zuvor erlebt hatte, außer vielleicht an bestimmten Vormittagen, wenn er rauchend in seinem Bett lag, während das Fenster zur Straße in Nizza offen stand und aus dem Nebenzimmer die Berceuse von Chopin zu ihm herüber klang.

Monnerville hatte etwas länger als zwei Monate gebraucht, um sein Monument zu errichten, jene Akte zusammenzustellen, die in Fachkreisen bereits als ein Modell galt. Die Anwälte gingen sie Punkt für Punkt durch, um irgendwelche Schwachstellen zu entdecken.

Aber Petit Louis wußte ja alles! Er war ja der einzige, der die ganze Wahrheit kannte. Er wußte als einziger, welche banalen Realitäten sich hinter der scheinbar sachkundigen Rekonstruktion des Untersuchungsrichters verbargen! Vor allem aber wußte er als einziger ganz genau, was daran von Anfang bis Ende falsch war, weil man nämlich von falschen Daten ausgegangen war und wenn es nicht zusammenpaßte, versuchte, die Zeugen, die alles durcheinanderbrachten und einen Sonntag mit einem Montag verwechselten oder sich um eine ganze Woche irrten, einzuschüchtern. All dies hatte der Richter, vielleicht sogar im besten Glauben, eben passend gemacht, aber vielleicht mußte er sich doch insgeheim manchmal eingestehen, daß sich die Dinge in Wirklichkeit doch nicht so zugetragen haben konnten, wie er es gern gehabt hätte. Monnerville hatte das Verbrechen eben nach seiner Vorstellung umgemodelt! Und anschließend hatte er dann nicht etwa das wahre, sondern dieses Verbrechen bis ins letzte Detail verfolgt.

»Wenn du noch dicker wirst, erkennen dich die Zeugen schließlich gar nicht mehr«, hatte der rothaarige Gefängniswärter zu ihm gesagt.

Petit Louis hatte nicht gelacht, denn er lachte nicht mehr, sondern nur eine Art Grimasse gezogen, die ein bescheidener Ausdruck von guter Laune war.

»Über deinen Fall wird schon wieder viel in den Zeitungen geschrieben. Es scheint, daß man besondere Eintrittskarten braucht. Es haben sich so viele Journalisten angemeldet, daß man den Gerichtssaal umbauen und zusätzliche Telefone im Justizgebäude einrichten mußte...«

Zweimal drohten seine Anwälte, die Verteidigung niederzulegen, wenn er seine Mitarbeit weiter versagte.

»Von mir aus!« entgegnete er zynisch.

Und fünf Tage, vier Tage, drei Tage vor dem Prozeß war er noch immer ganz ruhig. Er kümmerte sich um praktische Einzelheiten, wie etwa darum, daß sein Anzug in die Reinigung gebracht wurde und er eine neue

Krawatte und drei Hemden erhielt, denn man hatte ihm gesagt, daß die Verhandlung drei Tage dauern würde, und es war jetzt schon heiß.

Am Vorabend rief er den Gefängnisfrisör, ließ sich die Haare schneiden und erhielt auch die Zusage, daß er am nächsten Morgen frühzeitig rasiert würde.

Dagegen zeigte er kein Interesse für die Hunderte von Zeitungsartikeln, die ihm seine Anwälte brachten, sondern sah nur die Fotos an.

»Dies hier ähnelt mir nicht!« sagte er verachtungsvoll.

Oder auch:

»Ich möchte doch wissen, wo sie mich da aufgenommen haben ... Ich weiß nicht einmal, wo das ist ...«

Im gleichen Atemzug fragte er:

»Kommt auch meine Mutter?«

»Sie ist als Zeugin vorgeladen.«

»Und Niuta?«

»Ebenfalls.«

»Und Louise?«

»Sie hat eine Vorladung bekommen; ist aber noch nicht aufgetaucht ...«

»Dann ist es gut«, sagte er und räumte das Brett weg, das ihm in den letzten Monaten als Arbeitstisch gedient hatte.

## 13

Der Frisör, der im Gefängnis war, weil er fünf oder sechs Revolverschüsse auf seine Verlobte abgegeben hatte, kam morgens um sechs gutgelaunt und von einem Sonnenstrahl begleitet herein.

»Weißt du überhaupt, wieviel Journalisten da sind?« rief er lebhaft aus, als ginge es um seinen eigenen Prozeß oder um ein großes Fest. »Dreiundfünfzig!«

Was übertrieben war. Aber neunundvierzig Journalisten waren da, wovon etwa zwanzig am Vortag aus Paris eingetroffen waren. Und in den hellgetünchten Luxushotels an der Promenade des Anglais fragte sich das Personal, warum denn so zahlreiche Gäste schon so früh aufstanden.

Petit Louis konnte die Engelsbucht nicht sehen, die an jenem Morgen lavendelfarben dalag und soweit das Auge blickte von keiner Kräuselung getrübt und von keinem Schiff durchfurcht wurde.

Die Pariser aber erfreuten sich an diesem Anblick und machten auf dem Weg zum Justizgebäude einen Umweg über den Blumenmarkt, der überquoll von Nelken in allen Farben.

Aus den kleinen Bistros drang der Geruch des ersten Kaffees, und die Sprengmaschine kreuzte langsam durch die Straßen, als vierzig Bereitschaftspolizisten in Stiefeln und Helm im Gleichschritt auf dem Platz aufzogen und sich auf der Freitreppe des Justizgebäudes zum Spalier aufstellten.

Petit Louis, der seine sorgfältige Toilette beendet hatte, wurde nun im engen Gefängniswagen hin und hergeschüttelt, und der jüngste unter den Wachtmeistern beobachtete ihn neugierig durch die Ritzen.

Er betrat das Justizgebäude durch eine Nebentür und setzte sich, während nun der ganze Zirkus begann, in einem graugestrichenen Raum, der eine Art dunkle Abstellkammer war, auf eine Bank und wartete ab.

Einige liefen geschäftig hin und her wie Saalordner bei einem Fest. Andere standen auf den Stufen des Justizgebäudes in Gruppen zusammen. Unten zwischen den Autos, die nicht mehr durchkamen, drängte sich die Menge und bestaunte die Bereitschaftspolizisten. Es kamen auch hübsche Frauen mit Sonderausweis, oder vielmehr, einige hatten auch keinen und hängten sich jetzt an die Journalisten oder die Anwälte, damit diese sich für sie einsetzten.

Ein Gastwirt hatte die Tische der Presseleute mit Kärtchen bestückt, auf denen hinter seinem Namen stand: »... beehrt sich, die Herren Journalisten bei niedrigsten Preisen zu bewirten.«

Petit Louis hörte Geräusche, vor allem Türenschlagen, aber das war alles. Von Zeit zu Zeit sah er den jungen Gendarmen neugierig an, denn er ähnelte ihm ganz auffallend, vor allem jetzt, da er zugenommen hatte und nun ebenfalls eine so glatte und feste Haut besaß wie ein wohlgenährtes Tier.

Hätte er denn nicht ebensogut an der Stelle des Polizisten sein können und dieser an der seinen? Sie hatten die gleichen harten und breiten Kinnladen, die gleichen hervorstehenden Backenknochen, die gleichen Augen, die gleiche Stirn ...

Schließlich kam einer der Verteidiger herein, er hatte schon seine Robe an und war genau so aufgeregt wie der Frisör am Morgen.

»Na, gut in Form?« fragte er mit einem prüfenden Blick auf Petit Louis. »Nicht zu großes Lampenfieber?«

»Überhaupt keines.«

»Haben Sie den Saal gesehen?«

Bei diesen Worten öffnete er eine Tür einen Spalt breit, es war jene Tür, die zur Anklagebank führte. Petit Louis sah durch den Spalt die Menschenmenge, vor allem hinten, wo die Leute stehen mußten, herrschte Gedränge. Er begegnete den auf ihn gerichteten Blicken ohne mit der Wimper zu zucken.

»Ist Louise gekommen?« fragte er den Verteidiger.

»Bis jetzt hat sie keiner gesehen.«

Er setzte sein unangenehmes Lächeln auf.

»Und meine Schwester?«

»Sie hat ein ärztliches Attest geschickt.«

Trotz aller vorgeschobenen Krankheiten und obwohl man auf eine ganze Reihe von Zeugenaussagen verzichtete, sollten immerhin noch siebenundsechzig Zeugen vernommen werden. Die Richter wurden schon ungeduldig, weil einer der Geschworenen sich verspätet hatte und sie ohne ihn nicht beginnen konnten.

Endlich saßen alle an ihren Plätzen. Die Journalisten kamen aus den umliegenden Bistros herbeigelaufen und ließen sich diskutierend und ihre Zigaretten zu Ende rauchend nieder, als wären sie hier zu Hause. Das Gericht zog ein. Petit Louis setzte sich auf die Anklagebank, und alle Blicke waren auf ihn gerichtet, während sich ihm die Fotografen auf weniger als einen Meter näherten, um ihn unter Beschuß zu nehmen.

Er lächelte; gelassen wanderte sein Blick über die ganze Versammlung, wobei er ihn auf den ihm bekannten Gesichtern einen Augenblick ruhen ließ. Mechanisch rückte er seine Fliege zurecht, er hatte eine blaue mit weißen Punkten gewählt, dann zog er sein Taschentuch hervor, denn er hatte schon jetzt feuchte Hände.

Man schritt zur Auslosung der Geschworenen, und keiner achtete darauf, nicht einmal die Verteidiger, die hin und wieder auf gut Glück dazwischenriefen:

»Einspruch!«

Da man ja drei Tage in diesem Gerichtssaal verbringen würde, war es gut, sich an die Atmosphäre zu gewöhnen. Schon jetzt prägten sich einem Einzelheiten ins Gedächtnis, so etwa die Uhr, die sich genau über dem Protokollführer befand, oder die Haltung des rechten Beisitzers, eines dicken Sanguinikers, der sich weit nach hinten lehnte, so daß er fast in seinem Sessel lag und sehr verwundert schien, hier an diesem Ort zu sein und zu sehen, was er sah, ja überhaupt solche Tage zu erleben!

Während die Anklageschrift verlesen wurde, zeigte einer der Verteidiger Petit Louis im Stehen die bekanntesten Journalisten, und Petit Louis sah sie neugierig prüfend an, wobei er bei jedem Namen nickte, während sich der Vorsitzende mit dem linken Beisitzer unterhielt und der Staatsanwalt, der auf dem Platz der Anklagevertretung saß, geduldig seine Unterlagen ordnete.

Durch hohe Fenster, die ein fröstelnder alter Berichterstatter noch nicht hatte schließen lassen, kam vorerst frische Morgenluft herein.

»Angeklagter, stehen Sie auf!«

Sie waren nun schon über eine Stunde hier, aber der Prozeß hatte gerade erst begonnen, und während sich Petit Louis von der Anklagebank erhob und dabei die feuchten Hände platt auf die Barriere aus hellem Eichenholz legte, hüstelte der Präsident und suchte unsicher die richtige Tonlage, als hätte er Angst, das Publikum könnte ihn auslachen oder auspfeifen.

»Sie heißen Louis Bert und sind in Lille geboren...«

»Jawohl, Herr Vorsitzender.«

Dies war das erstemal, daß man seine Stimme vernahm, und man wollte ihn auch gleichzeitig sehen. Man studierte seine Haltung bis in alle Einzelheiten.

»Ihr Vater war Bergarbeiter und wurde bei Kriegsausbruch eingezogen.«

»Jawohl, Herr Vorsitzender.«

Seine Stimme war nur eine Spur heiser. Petit Louis stand sehr aufrecht da, nicht arrogant, aber er blickte jenem, der ihn verhörte, beharrlich in die Augen.

»Die Kriegsereignisse zwangen Ihre Mutter, mit Ihnen und Ihrer Schwester nach Südfrankreich zu fliehen.«

»Jawohl, Herr Vorsitzender.«

»Dort hat diese unglückliche Frau alles getan, was in ihren Kräften stand, um Sie zu einem anständigen Menschen zu erziehen, und Sie haben in Ihrer Kindheit nur gute Beispiele um sich gehabt...«

Petit Louis machte den Mund auf, sagte aber nichts

und schloß ihn wieder. Der Vorsitzende hatte diese Bewegung beobachtet und sagte daher unglücklicherweise:

»Wollten Sie etwas sagen?«

Petit Louis sah ihm fest in die Augen. Alle Leute warteten, und Petit Louis wußte noch nichts; man sah seinen Adamsapfel auf- und niedergehen und seine Hände, die er noch fester um die Barriere klammerte, weiß werden.

»Jawohl, Herr Vorsitzender.«

»Die Herren Geschworenen hören Ihnen zu ... Bitte wenden Sie sich an sie ...«

Petit Louis gehorchte, aber sein Blick kehrte automatisch zum Richter zurück.

»Ich wollte sagen, daß meine Schwester und ich die ganze Kindheit hindurch in demselben Zimmer geschlafen haben wie Mutter und der alte Dutto ...«

Er wandte sich heftig zum Saal um, von wo sich Gemurmel erhob, und er beherrschte alle diese Reihen von Gesichtern mit seinem Blick. Der Vorsitzende klopfte mit einem flachen Lineal auf sein Pult.

»Ich möchte von vornherein klarstellen, daß ich hier keinerlei Kundgebungen dulde!«

Einige Journalisten schrieben fieberhaft. Nachdem dieser Zwischenfall beendet war, erweckte Petit Louis den Eindruck, daß er sich ganz in sich selbst zurückzog.

»Ich bedauere, daß Sie es für nötig gehalten haben, in dieser Form über die unglückliche Kreatur zu reden, die wir nachher hier am Zeugenstand sehen werden. Zeugen, deren Ehrbarkeit Sie hoffentlich nicht anzweifeln, werden hier aussagen, daß sie Madame Bert immer als eine Heilige angesehen haben, und sie werden auch sagen, daß Sie von frühester Jugend an immer schon die schlimmsten Instinkte haben erkennen lassen ...«

Petit Louis' Lippen verzogen sich zu einem verächtlichen Lächeln, und der Vorsitzende verharrte einen Augenblick unentschlossen, ob er in Wut geraten und mit Petit Louis streiten sollte, wie Männer auf der Straße oder in der Kneipe streiten.

»Sie werden ja wohl zugeben, daß Sie als kleiner Junge eine ganze Reihe von kleinen Diebstählen begangen haben?«

Worauf er herablassend entgegnete:

»Jawohl, Herr Vorsitzender ...«

»Geben Sie das zu?«

»Aber selbstverständlich, jawohl, Herr Vorsitzender!«

»Und Sie geben auch zu, in Le Farlet von der Schule verwiesen worden zu sein?«

»Jawohl, Herr Vorsitzender ...«

»Und daß Sie schon ganz jung mit Liebesabenteuern angefangen haben? Sie haben schon in einem Alter in bestimmten Kreisen verkehrt, da man gewöhnlich ...«

»Sobald ich eben konnte, Herr Vorsitzender ...«

Er hatte einen Lacherfolg, und der Richter drohte noch einmal damit, den Saal räumen zu lassen. Dabei deklamierte er:

»Vergessen wir bei dieser Auseinandersetzung doch nicht, daß sie vom Tod einer Frau überschattet wird ...«

Der erste Verteidiger nutzte die Gelegenheit, um einzuwerfen:

»... Und daß es hier um den Kopf meines Mandanten geht ...«

Petit Louis sah ihn erstaunt an, zuckte unmerklich mit der Achsel und wandte sich, auf einen neuen Angriff gefaßt, wieder dem Vorsitzenden zu. Er ließ sich von den roten Roben nicht beeindrucken. Nur diese mechanische Geste des Staatsanwaltes machte ihn nervös, der unablässig an seinem weißen Schnauzbart herumzwirbelte. Er hätte ihn am liebsten gebeten, damit aufzuhören, weil es ihn so ablenkte.

»Dennoch möchte ich hier anfügen, daß Sie von jung an ein regelmäßiger Gast von Freudenhäusern waren ...«

»... wie jeder zweite Franzose!« ... warf der Verteidiger halblaut ein.

Petit Louis lächelte, während der Richter zauderte, ihn zur Ordnung zu rufen.

»Später haben Sie dann die Rolle des Kunden mit einer anderen vertauscht und versucht, von den Frauen zu leben, oder genauer gesagt, von deren Prostitution ...«

»Herr Vorsitzender, ich sehe hier mindestens zehn Personen in diesem Saal, die auch kein anderes Gewerbe haben und die man aber deshalb noch lange nicht anklagt, Constance Ropiquet getötet zu haben.«

Es entstand Aufregung im Saal, die Leute drehten sich um oder sahen ihre Nachbarn an, während der Staatsanwalt nun seinem Kollegen beisprang und entrüstet schrie:

»Einen solchen Zynismus habe ich dann doch in meiner ganzen langen Laufbahn noch nicht erlebt!«

»Wenn Sie hier unter Anklage ständen, Ihre Geliebte umgebracht zu haben ...«

»Ruhe! ... Ruhe da hinten, oder ich lasse sofort den

Saal räumen! ... Wachtmeister, Sie führen die erste Person hinaus, die jetzt noch stört... Das ist doch unerhört... Sind wir denn hier auf dem Jahrmarkt oder vor Gericht?«

Der Vorsitzende verlor die Beherrschung, geriet ins Schwitzen und versuchte, sich wieder zu konzentrieren. Petit Louis stand ruhig und bewegungslos da, er blickte ernst und traurig wie ein Stier, der auf die Banderillas wartet.

»Ich wundere mich doch, daß Sie in Ihrer Lage hier noch geistreiche Bemerkungen machen wollen. Aber das ist ja Ihre Sache, und die Herren Geschworenen werden es zu werten wissen...«

Aber Petit Louis hatte ja keinesfalls im Sinn, geistreiche Bemerkungen zu machen. Er war hier ganz allein all diesen Menschen ausgesetzt, die über ihn herfielen. Sie waren stärker als er. Sie hatten ihn über ein Jahr von der übrigen Welt abgeschnitten und ihre Untersuchung in aller Ruhe durchgeführt, wie es ihnen paßte.

Was Petit Louis aber nun so empörte, war, daß sie weiß Gott woher die schäbigsten Argumente sammelten und einen unfairen Kampf gegen ihn führten und außerdem auch noch schlecht.

Warum erzählten die hier, daß er nur gute Beispiele vor Augen gehabt hätte, wo doch das ganze Dorf wußte, daß der alte Dutto ein Wüstling war, den man oft dabei ertappte, wie er vor kleinen Mädchen, auch vor Petit Louis' Schwester, die Hose aufknöpfte? Und ließ er nicht abends immer absichtlich die Lampe brennen? Und...

Petit Louis hätte, da man hier so selbstgefällig über die Bordelle sprach, gern noch eine andere Frage gestellt. Man brauchte doch Eintrittskarten, um in den Gerichtssaal hereinzukommen, Eintrittskarten, die von der Justizbehörde ausgegeben wurden. Ja, und warum saßen dann in der ersten Reihe hier im Gerichtssaal mindestens drei Bordellbesitzer, darunter jener aus dem Haus von Hyères, von einem guten Dutzend bekannter Zuhälter ganz zu schweigen?

Und was hatten die Frauen und Töchter der Richter auf den Zuschauerbänken Seite an Seite mit diesen Herren verloren?

Er blieb ruhig. Er hatte nun einmal beschlossen, sich nicht aufzuregen. Er preßte nur seine Hände mehr oder weniger stark auf die Barriere der Anklagebank, und sein Adamsapfel hob und senkte sich.

»Als Sie Madame Ropiquet kennenlernten, haben Sie sofort erkannt, welchen Vorteil Sie aus der unglückseligen Leidenschaft dieser wohlhabenden Dame ziehen konnten ...«

»Madame Ropiquet wurde von einem Mann ausgehalten«, berichtigte Petit Louis.

»Madame Ropiquet war eine ehrbare Witwe, deren einziges Verbrechen vielleicht darin bestand, daß sie sich einen klingenden Namen zulegte, aber das ist doch wohl eine ziemlich unschuldige Manie ...«

»War es vielleicht auch eine Manie, daß sie jeden Monat zweitausend Francs von einem alten Herrn erhielt, der im übrigen dann Selbstmord begangen hat?«

Auch von seinem Platz aus meinte er den Journalisten über die Schulter sehen und die Sätze lesen zu können, die sie jetzt niederkritzelten: ... ›der unglaubliche Zynismus des Angeklagten, der ...‹

Aber warum zum Teufel machte man denn aus allen Menschen Heilige und aus ihm das Gegenteil? Hatte er denn nicht von seinem Zimmer aus die ekelhaften und gleichzeitig grotesken Szenen miterlebt, die sich abspielten, wenn der pensionierte alte Beamte zu Besuch kam?

Aber so verlief der ganze Prozeß!

»Ich rate dem Angeklagten, sich zu mäßigen und Personen aus dem Spiel zu lassen, die sich nicht mehr verteidigen können ...«

Die Uhrzeiger rückten langsam voran, und Petit Louis hatte nach einer Stunde Verhör vor Anstrengung feuchte Hände und eine sehr spitze Nase. Journalisten, die es vor Redaktionsschluß eilig hatten, telefonierten ihre Berichte durch, gingen aus und ein, boten sich gegenseitig Süßigkeiten an und füllten ihre Füllfederhalter.

»Gestehen Sie, sich am 18. August gegen Mitternacht von Madame Ropiquet im Restaurant ›La Régence‹ getrennt zu haben, wo Sie mit ihr zum Abendessen waren?«

»Sie war nicht allein!«

»Danach habe ich Sie nicht gefragt. Beantworten Sie meine Frage ...«

»Sie war nicht nur nicht allein«, beharrte er, »ein Polizist, ein Inspektor von der Sicherheitspolizei, der ganz gewiß nicht zufällig dabei war, hat in seinem Bericht unerwähnt gelassen, daß auch noch andere Personen zugegen waren. Da es Sie so stört, spreche ich nicht mehr über

Monsieur Parpin, aber ich möchte Inspektor Mine doch fragen, welche anderen Personen mir draußen auflauerten.«

»Wir werden dem Zeugen diese Frage stellen, wenn er hier im Zeugenstand erscheint. Warum sind Sie auf einen fahrenden Bus aufgesprungen, und warum sind Sie aus diesem Bus noch vor der Haltestelle mitten im Dunkeln wieder ausgestiegen?«

Petit Louis verweigerte trotzig die Aussage. Er wandte sich kaum merklich den Leuten aus dem Milieu zu, die sich im Saal befanden und von Gène und der Marseiller Bande hergeschickt worden waren.

»Danach werden Sie in einem ziemlich berüchtigten Lokal gesehen, wo Sie die Gäste bis drei Uhr morgens mit Taschenspielertricks unterhalten. Was haben Sie danach getan? Nun, ich werde es Ihnen sagen. Sie sind wieder nach Nizza zurück und in die Wohnung Madame Ropiquets gegangen, denn Sie besaßen ja einen Schlüssel ...«

»Ich bin mit den Engländern im Auto nach Saint-Raphaël gefahren ...«, sagte Petit Louis.

»Ruhe! Sie sprechen, wenn Sie gefragt werden. Sie sind nach Nizza zurück, und da Madame Ropiquet sich Ihnen gegenüber seit einiger Zeit nicht mehr so großzügig zeigte, da sie vielleicht auch genug hatte von einer so auffallenden Beziehung, haben Sie sie bedroht und dann getötet, um sich ihrer Sachen zu bemächtigen ...«

»Das hat weder Hand noch Fuß, Herr Vorsitzender.«

Er sagte das in bedauerndem Ton.

»Sie scheinen nicht so recht zu wissen, wie so etwas läuft. Erstens einmal hatte Constance nicht genug von mir, sondern hing im Gegenteil mehr denn je an mir. So hat sie mich sogar ihrem alten Liebhaber als Neffen vorgestellt, und wir haben gemeinsam noch mit Louise Mazzone zu viert zu abend gegessen, um ihren Geburtstag zu feiern ...«

»Ein wahres Familienfest also!« spottete der Vorsitzende.

»Wenn ich etwas hätte nehmen wollen, hätte ich das ja jederzeit tun können, denn ich hatte alle Schlüssel und war auch oft allein in der Wohnung. Warum hätte ich sie da töten sollen?«

»Dennoch besteht die Tatsache. Sie haben sie getötet. Denn wie wollen Sie mir sonst erklären, daß Sie einige Tage später nicht nur im Besitz ihres Nerzmantels, sondern auch all ihrer Papiere waren, unter denen sich auch ihr Personalausweis befand?«

Es entstand eine Pause. Dann hob Petit Louis den Kopf und fragte in hartem Ton:

»Und der Schmuck?«

»Welcher Schmuck?« fragte der Richter verwundert.

»Sie besaß nicht nur einen Nerzmantel. Sie besaß auch Schmuck, der sich in der Wohnung befand. Was soll ich denn dann damit gemacht haben? Da Sie so viele Dinge herausbekommen haben, wie sollen Sie dann ausgerechnet das nicht entdeckt haben, nachdem doch praktisch alle Juweliere Polizeispitzel sind?«

»Ich muß Sie schon bitten ...«

Petit Louis machte eine Geste, mit der er wohl sagen wollte:

»Ist auch nebensächlich! ... Sie wissen doch genau, daß es so ist!«

Dann fuhr er fort:

»Es gab auch Geld in der Wohnung, das könnte Ihnen Louise Mazzone bestätigen ... Wenn ich Madame Ropiquet umgebracht hätte, dann hätte ich dieses Geld ja wohl mitgenommen und hätte nicht am nächsten Tag auf der Promenade des Anglais eine Handtasche rauben müssen ...«

Alle rissen die Augen auf. Der Vorsitzende wurde ganz aufgeregt.

»Ich muß doch sehr bitten! Jetzt tun Sie sich hier auch noch mit einem Raub groß, von dem noch gar nicht die Rede war ...«

»Weil man mich ja nichts gefragt hat ... Weil man mich nie etwas gefragt hat, außer ganz lächerliche Sachen aus meiner Kindheit oder über ganz unwichtige Begegnungen ...«

Sein Verteidiger schüttelte mißbilligend den Kopf. Petit Louis kramte in seinen Taschen und zog die winzige Christopherus-Medaille heraus.

»Hier, diese Medaille war in der Handtasche, die ich dann ins Meer geworfen habe und in der sich dreihundert Francs befanden. Wenn man eine Anzeige in die Zeitungen setzt, kann man die Dame, der sie gehört hat, ganz bestimmt ausfindig machen. Sie könnte uns dann sagen, ob ...«

Das Publikum begeisterte sich und hoffte auf einen neuen Wortwechsel zwischen Petit Louis und dem Vorsitzenden, der langsam an Boden verlor.

»Das Gericht kann eine so plumpe Ablenkung nicht hinnehmen«, sagte der Staatsanwalt mit dem seidigen Schnauzbart, um ihm zu Hilfe zu kommen. »Der Angeklagte hat während der Untersuchung genug Zeit gehabt, alles zu Gehör zu bringen...«

»Man hat mich nie reden lassen!«

»Ruhe! Ich erkläre den Zwischenfall für beendet, die Vernehmung wird fortgesetzt...«

Aber der Vorsitzende war doch aus dem Konzept geraten und zog es nach einem vergeblichen Blick in seine Unterlagen vor, die Verhandlung für zehn Minuten zu unterbrechen, was alle dazu nutzten, in den nahe gelegenen Bistros eine Erfrischung zu sich zu nehmen.

Einige Leute machten einen Umweg, um Petit Louis ganz aus der Nähe sehen zu können, und der Bordellbesitzer aus Hyères zwinkerte ihm im Vorübergehen zu.

Nach der zweiten Verhandlung erklärte der bekannteste Prozeßberichterstatter, als er am Abend seine Blätter einsammelte:

»Das gibt zwanzig Jahre!«

Die Menge zerstreute sich lärmend; Petit Louis stieg in den Gefängniswagen und kehrte in seine Zelle zu dem betrügerischen Buchhalter zurück, der auf seine Berühmtheit eifersüchtig zu sein schien.

Am nächsten Tag war doppelt so viel Publikum da, man sah vor allem mehr hellgekleidete Leute.

Von seinen Bewachern eingekreist, überflog Petit Louis im graugestrichenen Warteraum die Zeitungen, die sein Verteidiger ihm reichte:

*Der Angeklagte beweist bei der Gerichtsverhandlung empörenden Zynismus.*

»Ich habe Sie ja gewarnt. Die öffentliche Meinung ist gegen Sie...«

»Hat man Louise noch immer nicht gefunden?« fragte er.

»Man hat nach verschiedenen Seiten Telegramme geschickt. Ihre gegenwärtige Adresse ist unbekannt...«

Als ob die Adresse einer Professionellen der Polizei unbekannt sein könnte! Als ob es schwierig gewesen wäre, schon vor Beginn des Prozesses dafür zu sorgen, daß sie nach Nizza kam!

Warum sagte man da nicht ganz offen, daß man sie nicht vorladen wollte, weil sie vielleicht bestimmte Aussagen machen würde, die man lieber nicht hören wollte? Da hörte man sich lieber diese Unmenge seltsamster Zeugen an, die hier aussagten, daß sich Petit Louis' Mutter irgendwann einmal vor zehn Jahren darüber beklagt hatte, daß ihr Sohn sie bedrohte und daß... und daß...

Petit Louis nahm alles teilnahmslos hin. Er sah ihnen in die Augen, wie er dem Vorsitzenden in die Augen gesehen hatte.

»Sprechen Sie nach: ich schwöre... Heben Sie die rechte Hand...«

»Ich schwöre...«

Es gab da sogar eine Lebensmittelhändlerin, die sich einbildete, Petit Louis mit einem großen Paket durch Le Farlet schleichen gesehen zu haben.

»Sprechen Sie nach: ich schwöre...«

Sie schwor. Am Schluß allerdings kam sie dann mit den Daten durcheinander, und als der Verteidiger ihr genauere Fragen stellte, gestand sie, daß die fragliche Begegnung am Vorabend des Dorffestes von Le Farlet stattgefunden hatte, also über einen Monat vor dem Tod Madame Ropiquets.

Auch ein Taxichauffeur verwechselte die Daten. Er behauptete, Petit Louis an der Villa Carnot abgeholt zu haben, wobei dieser einen schweren Koffer von ungewöhnlicher Machart bei sich gehabt habe. Es war ein Russe mit starkem Akzent, Petit Louis sah ihn genau an und war sicher, ihn nicht zu kennen.

»Woher wollen Sie noch nach einem Jahr wissen, daß sich die Sache, die Sie berichten, ausgerechnet am 21. August abgespielt hat?«

»Weil das ein Samstag war und ich am Sonntag nach Monte Carlo gefahren bin und eine Panne hatte. Ich habe noch die Rechnung der Werkstatt ...«

»Und Sie sagen, daß das an einem Samstag war?«

»Da bin ich ganz sicher!«

Also war es nicht am 21. August, denn das war ein Montag!

Es zog sich in die Länge. Die alten Jungfern, die ihm die Handschuhe verkauft hatten, empörten sich gegen die Fotografen, denen sie verbieten wollten, sie zu fotografieren. Einige machten sich lustig. Journalisten kritzelten zum Zeitvertreib ihre Blocks voll. Einzig Petit Louis war auch nicht eine Sekunde lang unaufmerksam. Von Zeit zu Zeit neigte er sich seinen Verteidigern zu, um ihnen eine Frage zuzuflüstern, die sie einem Zeugen stellen sollten.

Als Inspektor Mine an die Reihe kam, beugte sich Petit Louis unwillkürlich noch weiter vor, sein Gesicht war vor Aufmerksamkeit ganz angespannt.

»Schwören Sie, die Wahrheit zu sagen, die reine Wahrheit und nichts als die Wahrheit?«

»Ich schwöre.«

Dabei warf der Miesling einen Blick, nur einen einzigen Blick auf Petit Louis.

»Was wissen Sie über den Fall Ropiquet?«

»Als Inspektor der Sicherheitspolizei hatte ich mit diesem Fall eigentlich nichts zu tun. Es war einfach so, daß ich mich am Freitag, dem 18. August nach Dienstschluß im Restaurant ›La Régence‹ befand und dort Petit Louis in Begleitung anderer Personen sah ...«

»Wie viele Personen waren das?« fragte der Verteidiger. Der Vorsitzende rief ihn sofort zur Ordnung.

»Ich möchte Sie doch bitten, sich nicht direkt an den Zeugen zu wenden, sondern die Frage, wie das Gesetz es vorschreibt, über mich zu stellen. Ich frage also den Zeugen, von wie vielen Personen Petit Louis begleitet war.«

Petit Louis spürte das Blut an seinen Schläfen pochen. Er hatte die Ellbogen auf die Brüstung gelegt und das Kinn wie ein auf der Lauer liegendes Tier auf die Hände gestützt.

»Von drei Personen ...«

Petit Louis sprach leise auf seinen Verteidiger ein, der sich erhob.

»Herr Vorsitzender, würden Sie bitte den Zeugen fragen, wie er Petit Louis kennengelernt hat.«

»Zeuge, bitte beantworten Sie die Frage ...«

Da blickte der Miesling mit den gelben Zähnen sich leicht peinlich berührt um.

»Ich hatte mit ihm im Zusammenhang mit einer früheren Beweisaufnahme zu tun ...«

»Kann uns der Zeuge vielleicht sagen, um welche Beweisaufnahme es sich dabei handelte?«

»Ich glaube... ich denke, daß ich hierüber die Aussage verweigern kann, denn diese Untersuchung ist noch nicht abgeschlossen.«

»Und dieser Fall hat nichts mit dem Fall Ropiquet zu tun?«

Petit Louis reckte den Hals und riß die Augen auf, als könnte er damit Mine zwingen, die Wahrheit zu sagen.

»Das glaube ich nicht.«

»Sie sind aber nicht so sicher?«

»Der Zeuge kann kraft seines Amtes mit Fug und Recht die Aussage verweigern«, entschied der Vorsitzende.

Petit Louis schnellte hoch.

»Angeklagter, bitte setzen Sie sich.«

»Aber...«

»Bitte setzen Sie sich!«

Da konnte, wer in seiner Nähe saß, eine Träne, eine einzige Träne ohnmächtiger Wut sein Auge trüben sehen, es war die erste und auch die letzte Träne, die er weinte.

Der Mann, der ihn retten konnte, stand hier ein paar Meter von ihm entfernt inmitten von Journalisten und Fotografen, er stand in seinem besten dunklen Anzug und mit dem Hut in der Hand da und hatte den gemeinen Blick eines Menschen, der sich für niedere Dinge hergibt.

Da der Vorsitzende Gefahr witterte, sagte er schnell:

»Keine weiteren Fragen mehr?«

Diesmal faßte Petit Louis seinen Verteidiger an der

Schulter und redete leise, aber eindringlich auf ihn ein, wobei er den Polizeiinspektor so ansah, als wollte er ihm am liebsten ins Gesicht springen.

»Noch eine Frage! Kann uns der Zeuge sagen, was ihm der Angeklagte an jenem Abend erklärt hat?«

»Ich kann mich nicht genau erinnern. Ich sage noch einmal, daß ich mich zu jenem Zeitpunkt nicht ausgesprochen mit ihm befaßt habe und im übrigen auch später nicht. Ich glaube, er hat etwas von Leuten erzählt, die auf ihn böse waren, und daß er Angst hatte, ihnen auf der Avenue de la Victoire zu begegnen ...«

»Hat er nicht Namen genannt?«

»Daran kann ich mich nicht erinnern.«

»Und waren das nicht die Namen genau jener Personen, die bei einem früheren Fall verdächtigt wurden, bei jenem Fall nämlich, den Sie vorhin erwähnt haben?«

»Ich bitte darum, diese Frage nicht beantworten zu müssen, denn wie gesagt, die Untersuchung ist noch nicht abgeschlossen.«

»Natürlich!« stimmte der Staatsanwalt zu.

»Möchten die Herren Geschworenen noch Fragen stellen? Der Zeuge kann sich entfernen. Das Gericht dankt Ihnen für Ihr mutiges Verhalten und Ihre berufliche Integrität!«

Petit Louis lachte höhnisch. Er lachte so laut er konnte gegen alle und alles, dann stützte er den Kopf in die Hände und blieb gut und gern zehn Minuten lang so sitzen, ohne sich zu rühren, ohne zu weinen, vielleicht auch ohne nachzudenken.

Als er den Kopf wieder hob, hatte sich sein Blick verändert, und er schien sich nicht mehr für das zu interessieren, was sich im Gerichtssaal abspielte. Es kam sogar vor, daß er wie früher in der Schule einer Fliege nachschaute oder auf die Kritzeleien sah, die ein Journalist zum Zeitvertreib machte.

Als man das Bügeleisen hereinbrachte und der ganze Saal erschauderte, warf er nur einen kurzen Blick auf das Beweisstück, das ihn belasten würde. Dann lachte er noch einmal in die Stille hinein, weil sogar nicht einmal dies stimmte! Er war ja gerade deshalb hier, weil er so ungewöhnliche Vorsichtsmaßnahmen ergriffen hatte...

Experten hatten das Bügeleisen geprüft. Sie traten nun einer nach dem anderen auf. Aber Petit Louis hörte gar nicht zu, denn es war vollkommen belanglos.

»Glaubt der Sachverständige, daß dieses Bügeleisen dazu gedient haben könnte...«

Es tat ihm weh, daß sich alle irrten, daß sie mit lächerlicher Feierlichkeit auf etwas Falschem beharrten und die Ereignisse geduldig auf eine Weise rekonstruierten, wie sie sich niemals abgespielt hatten.

Es gab darunter sogar sogenannte ernsthafte Leute, die in sich eine Komikerseele entdeckten und die Leute mit allen Mitteln zum Lachen bringen wollten!

»Vergessen wir doch nicht, meine Herrschaften, daß hier der Schatten einer Toten...«

Aber von einer Toten war nichts zu spüren. Ehrlich gesagt, war überhaupt nichts zu spüren. Und da es nun auch keine Wortgefechte mehr gab, wurde der Prozeß langweilig. Petit Louis hörte deutlich, wie ein Journalist zu seinen Verteidigern sagte:

»Versuchen Sie doch, so gegen drei Uhr einen kleinen

Zwischenfall zu inszenieren, damit ich eine Schlagzeile für die dritte Ausgabe habe ...«

Man machte großes Trara, als Madame Bert an die Reihe kam. Der Vorsitzende schwafelte viel herum:

»Ich bedauere außerordentlich, Ihnen diesen zusätzlichen Schmerz bereiten zu müssen, aber es läßt sich nicht vermeiden ...«

Man ließ ihr einen Stuhl bringen, dann bat man die Fotografen, ein wenig Schamgefühl zu zeigen. Sie hatte Petit Louis nicht einmal gesehen. Sie wußte nicht, nach welcher Seite sie sich wenden sollte, doch er sah sie mit trockenen Augen unablässig an.

»Ich bitte Sie, noch einmal die Strapaze auf sich zu nehmen und den Geschworenen zu sagen ... Wenden Sie sich bitte nach rechts ... was Sie über diesen furchtbaren Fall wissen ...«

»Herr Vorsitzender ...«

»Wenden Sie sich an die Geschworenen!«

»Was soll ich Ihnen denn sagen? Ich bin eine unglückliche alte Frau, und ich frage mich wirklich, was ich getan habe, daß der liebe Gott mich so straft ... wenn mich der Herr Reporter nicht trotz meiner alten Knochen als Putzfrau bei sich aufgenommen hätte ... Was geschieht jetzt mit meinem Sohn?«

»Diese Herren Geschworenen hier möchten gern von Ihnen wissen, ob Ihr Sohn, als er Sie am Samstag, den 19. August besuchte, nicht einen üblen Eindruck auf Sie gemacht hat ...«

»Wie soll ich das wissen? ... Dieser Schuft Dutto war doch gerade dabei, das Zeitliche zu segnen ... Kann sein, daß wir uns gestritten haben ...«

Sie sprach mit einer kläglichen Altweiberstimme.

»Wo ist er? ... Ich mag nicht glauben, daß er das getan hat... Er hat weder an seinem Vater noch an seiner Mutter je ein schlechtes Beispiel gehabt...«

Sie schniefte und weinte dann, wagte aber nicht, ihr Taschentuch aus der Handtasche zu nehmen. »Nein! Ich bin sicher, daß er das nicht getan hat...«

Die ganze Person bestand aus einem faltigen Gesicht und einem Haufen ungelüfteter, nach Kampfer riechender schwarzer Röcke.

»Ich glaube, wir können diese qualvolle Szene damit beenden. Madame Bert, Sie können gehen. Wachtmeister! Geleiten Sie die Zeugin hinaus...«

Petit Louis zuckte nicht mit der Wimper, bis sie nur noch einen Meter von der Tür entfernt war, dann aber erhob er sich und sagte mit klarer Stimme, wobei er den ganzen Saal mit seinem ruhigen Blick herausforderte:

»Ma, ich schwöre, daß ich nicht getötet habe!«

Sie wollte zu ihm zurückkehren, aber der Durchgang war versperrt, und so befand sie sich schon auf dem Gang, als der Vorsitzende sagte:

»Sie kann ihren Sohn während der Pause sehen...«

Alles übrige verlief entsprechend! ... Einer der Verteidiger hatte saure Drops dabei und reichte Petit Louis hin und wieder eines davon... Nach der Pause lagen zwei dieser in rosa Papier eingewickelten Bonbons auf der Akte des Vorsitzenden...

»Zwanzig Jahre!« hatte der Pariser Berichterstatter noch einmal gesagt. »Ihr werdet sehen!«

Es hatte sogar Wetten gegeben.

Aber man mußte noch den Notar aus Orléans, die

Dirne aus Menton und sogar die Postbeamtin und schließlich noch die Concierge der Villa Carnot über sich ergehen lassen.

Niuta kam nicht, man verlas nur ein Telegramm von ihr aus Salzburg, wo sie sich mit ihrer Mutter aufhielt.

Zwei oder dreimal hätte Petit Louis, weil ihn alles so anwiderte, fast die Wahrheit erzählt, hätte die Stelle am Hafen beschrieben, wo er...

Aber wozu hätte das geführt? Vor allem einmal zu einer Unterbrechung des Prozesses, um eine zusätzliche Untersuchung durchzuführen. Diese Untersuchung hätte aber nichts anderes erbracht als die Darstellung weiterer Greuel, durch die Petit Louis nun auch noch als Leichenzerstückler gezeigt würde.

Sein Verteidiger behauptete:

»In der Mordsache bekommen wir vielleicht Freispruch, denn es gibt ja keinen einzigen Beweis, dafür werden sie uns aber um so mehr für Diebstahl, Veruntreuung, Fälschung und Gebrauch falscher Urkunden aufbrummen... Fünf oder zehn Jahre...«

Wie ließ es sich erklären, daß Petit Louis an dieser Komödie schließlich nur noch wie ein Zuschauer teilnahm? Vor allem, als man dann über die Ereignisse des vergangenen Jahres sprach, über Constance, Louise, die Villa Carnot, konnte er kaum noch fassen, daß er selber all dies erlebt haben sollte.

Er begriff nicht mehr, wie das alles geschehen konnte und warum. Über den Richter hatte er zu einem seiner Verteidiger gesagt:

»Er geht mir auf die Nerven!«

Womit er vor allem meinte:

»Er macht mich ganz krank ...«

Oder auch:

»Er widert mich an ...«

Genau das nämlich! Alle widerten ihn an, vor allem dieser Staatsanwalt mit seinem feinen Schnauzbart, der hin und wieder eine geistreiche Bemerkung losließ und dann auf die Reaktion der Damen lauerte oder hochtrabende Sätze über die Gesellschaft und die Pflichten von sich gab, ohne dabei die Journalisten aus den Augen zu lassen.

Was trieben alle diese Leute zu Hause oder anderswo?

Der Zeugenstrom schien unversiegbar. Am Ende blieben noch dreizehn Personen übrig, die man zeitlich nicht mehr unterbringen konnte, denn dies war nun schon der dritte Verhandlungstag, und da der nächste Tag ein Sonntag war, beschloß man, die Sache zu beenden.

Es ging jetzt alles im Galopp. Man ließ sie schwören, fragte sie aber nichts mehr.

Und Petit Louis war bei allem immer dabei, allein gelassen sah er ruhig und verächtlich um sich. Einmal schweiften seine Gedanken ab, da befand er sich so weit vom Gerichtssaal entfernt, daß er bereute, seinen Ring nicht dem Serviermädchen in Porquerolles geschenkt zu haben, dann wäre er wenigstens nicht vom Gericht beschlagnahmt worden.

Er war fünfundzwanzig Jahre alt. Von Zeit zu Zeit sah er die Geschworenen der Reihe nach an und runzelte die Stirn, denn irgendwo in seinem Innersten hatte er doch Angst vor der Todesstrafe.

Logen ihn seine Verteidiger nicht genau so an wie die anderen, wenn sie von fünf oder zehn Jahren sprachen? Alle logen doch! Alle beglückwünschten sich gegenseitig! Alle hatten das Bedürfnis, sich angesichts von Petit Louis, auf den man alle erdenklichen Sünden ablud, gegenseitig zu ihrer Anständigkeit, zu ihrer Berufsethik und ihrer Wachsamkeit zu gratulieren.

Dabei wußten sie genau, daß die Akte bedeutungslos war, daß sie in der Hauptfrage, der einzigen, die zählte, nämlich, wer diese arme Constance Ropiquet umgebracht hatte, auch nicht den winzigsten Beweis, ja nicht einmal eine Leiche hatten!

So reihten sie Vermutungen über Raubgeschichten, Bordelle, schlechten Umgang und perverse Veranlagungen aneinander...

»Wäre es nicht vielleicht klug, wenn wir...«

Aber Petit Louis sagte auch zu seinem Verteidiger:

»Sie gehen mir auf die Nerven!«

Als der Oberstaatsanwalt sein Plädoyer hielt, schien er bei jedem Satz Beifall zu erwarten, und am Ende forderte er hochrot und mit Schweißperlen auf der Stirn Petit Louis' Kopf.

Er trank ein Glas Wasser. Ein Verteidiger sprach. Dann noch einer. Und Petit Louis sah in die immer dichter gewordene Menschenmenge hinein, weiß Gott woher waren immer noch mehr Leute herbeigeströmt, die jetzt eine einzige durch Schweiß zusammengeklebte kompakte Masse bildeten.

Als die Fragen an die Geschworenen gestellt wurden, war es acht Uhr, und man mußte Licht machen. Die Verteidiger hatten keine Zeit mehr, sich um ihren Mandanten zu kümmern. Sie eilten von einem Journalisten zum anderen, und keiner sprach mehr über den Prozeß.

»Wann fahren Sie ab?«

»Aber nein! Gehn wir doch noch zusammen essen ...«

»Ich muß zuerst meinen Artikel durchtelefonieren.«

»Zwanzig Jahre, das hab ich von Anfang an gesagt!«

»Meinen Sie?«

Wozu hatte man ein Jahr lang diese ganze komplizierte Maschinerie in Bewegung gesetzt, von überall Leute herbeizitiert, sie hier schwören lassen und achthundert engbeschriebene, offiziell beglaubigte Seiten gefüllt, wenn jetzt alles mit einem solchen Betrug endete?

»Stammst du auch aus dem Norden?« fragte Petit Louis einen seiner Bewacher.

»Aus Valenciennes.«

»Ich bin da oben geboren, aber dann nie mehr dort gewesen. Über Lyon bin ich nicht mehr hinausgekommen ...«

Er wollte lieber nicht nachdenken. Dabei berieten die Geschworenen doch gerade in diesem Augenblick. Aber was konnte schon dabei herauskommen? Es war ja doch alles Schwindel.

Nachdem der Miesling nicht ausgesagt hatte ...

Da man keine Beweise hatte, behauptete man eben:

»Er ist ein Lump! ... Also hat er getötet ...«

Manchmal kam, wenn die Türen auf und zugingen, ein frischer Lufthauch von draußen mit herein, dann schnupperte Petit Louis, aber danach sank er auf seiner Bank nur noch mehr zusammen.

»Hast du nicht eine Zigarette für mich?« fragte er den Gendarmen aus Valenciennes.

Wenn es nach ihm gegangen wäre, hätte er sich am liebsten auf dieser Bank ausgestreckt und wäre nicht einmal mehr in den Gerichtssaal zurückgekehrt, um das Urteil zu hören.

»Wenn du wüßtest, wie sie mir auf die Nerven gehen!«

Anders vermochte er seine Gefühle nicht auszudrükken. Er war auf Gène nicht böse, auch auf die anderen nicht, die jetzt wohl in einer Kneipe hier in der Gegend Pastis tranken und auf das Urteil warteten. Nicht einmal auf Louise war er richtig böse, sie war eben ein Luder, und das hätte er wissen sollen.

Was ihm so auf die Nerven ging, waren alle diese Leute, die redeten und redeten und dabei doch ganz genau wußten, daß alles, was sie sagten, falsch war, und dennoch rechtfertigten sie sich ständig und beglückwünschten einander und gaben aus Angst, mit dem Gesetz in Konflikt zu kommen, pausenlos irgendwelche Floskeln von sich.

»Es ist soweit«, sagte der Gendarm, als es klingelte.

Die Leute setzten sich erst gar nicht mehr hin. Sie standen alle da, auch die Journalisten, und alles sah sehr nach Aufbruch, nach Auflösung, nach dem gleich beginnenden Wettlauf zu den Telefonen und Einladungen zum Abendessen aus.

»Die Antwort auf die erste Frage lautet ja! Die Antwort auf die zweite Frage lautet ja . . . Die Antwort . . .«

Petit Louis war vielleicht noch nie in seinem Leben so ruhig und so klar im Kopf gewesen. Er bemerkte jetzt, daß der Vorsitzende einen weißen Hornhautfleck auf dem rechten Auge hatte.

Sein Verteidiger wandte sich nach ihm um.

»Sie haben die Frage, ob es Vorsatz war, verneint... Damit haben Sie Ihren Kopf gerettet.«

»Ah!«

Sie sagten das jetzt so, als käme es ganz unverhofft und als habe man die ganze Zeit mit der Todesstrafe gerechnet...

»Wie hätte ich sie denn ohne Vorsatz töten sollen?« fragte er halblaut, während sich ihm alle Gesichter zuwandten.

Er hatte wieder seinen unverschämten Ton angeschlagen und seine dreiste Miene aufgesetzt.

»Das Gericht verurteilt nach Beratung...«

Die Journalisten sahen lächelnd zu dem Kollegen hinüber, der zwanzig Jahre prophezeit hatte.

Der Vorsitzende fuhr mit leiernder Stimme fort:

»...zu zwanzig Jahren Zwangsarbeit und zwanzig Jahren Aufenthaltsverbot, außerdem zum Verlust der bürgerlichen Ehrenrechte und...«

Die Verteidiger strahlten, als wäre ihnen eine schwierige Sache gelungen.

»Möchte der Angeklagte noch eine Erklärung abgeben?«

Petit Louis sah sie der Reihe nach an, sie saßen jetzt im Licht altmodischer Kronleuchter, die auch Schatten warfen. Einige, die schon beim Hinausgehen waren, blieben stehen, um seine Antwort zu hören.

Da sagte er freundlich und mit einem merkwürdigen Lächeln:

»Nein, Herr Vorsitzender.«

Er sagte das so, daß sich in diesem Augenblick die Rollen plötzlich umkehrten und alle, Richter, Geschworene, Journalisten, die hübschen Zuschauerinnen und die Zuschauer, die Verteidiger nicht ausgenommen, etwas ganz Dringendes zu erledigen fanden, hin und herliefen, auf eine Person oder eine Tür zustürzten, denn kein einziger von ihnen hatte Grund, stolz auf sich selber zu sein.

So kümmerte sich außer den beiden Gendarmen keiner mehr um Petit Louis, und der Mann aus Valenciennes murmelte ihm weise zu:

»Na, in deinem Alter... wenn du herauskommst, bist du fünfundvierzig... Es gibt Schlimmeres...«

*Isola de Pescatore, August 1937*

*Bitte beachten Sie auch die folgenden Seiten*

# *Georges Simenon im Diogenes Verlag*

## ● Biographisches

*Intime Memoiren und Das Buch von Marie-Jo*
Aus dem Französischen von Hans-Joachim Hartstein, Claus Sprick, Guy Montag und Linde Birk. Leinen. Auch als detebe 21216

*Stammbaum*
Pedigree. Autobiographischer Roman
Deutsch von Hans-Joachim Hartstein
Leinen. Auch als detebe 21217

*Simenon auf der Couch*
Fünf Ärzte verhören den Autor sieben Stunden lang. Deutsch von Irène Kuhn
Mit einer Bibliographie und Filmographie und 43 Abbildungen. detebe 21658

*Briefwechsel mit André Gide*
Deutsch von Stefanie Weiss. Leinen

*Brief an meine Mutter*
Deutsch von Trude Fein. Leinen

*Ein Mensch wie jeder andere*
Mein Tonband und ich. Tagebuchnotizen und Erinnerungen. Deutsch von Hans Jürgen Solbrig. Leinen

*Als ich alt war*
Tagebücher 1960–1963. Deutsch von Linde Birk. Leinen

Außerdem liegen vor:

*Über Simenon*
Zeugnisse und Essays von Patricia Highsmith bis Alfred Andersch. Mit einem Interview, mit Chronik und Bibliographie. Herausgegeben von Claudia Schmölders und Christian Strich. detebe 20499

*Das Georges Simenon Lesebuch*
Ein Querschnitt durch das Gesamtwerk
Herausgegeben von Daniel Keel
detebe 20500

## ● Reportagen

*Die Pfeife Kleopatras*
Reportagen aus aller Welt. Deutsch von Guy Montag. detebe 21223

*Zahltag in einer Bank*
Reportagen aus Frankreich. Deutsch von Guy Montag. detebe 21224

## ● Erzählungen

*Der kleine Doktor*
Erzählungen. Deutsch von Hansjürgen Wille und Barbara Klau. detebe 21025

*Emil und sein Schiff*
Erzählungen. Deutsch von Angela von Hagen. detebe 21318

*Die schwanzlosen Schweinchen*
Erzählungen. Deutsch von Linde Birk
detebe 21284

*Exotische Novellen*
Deutsch von Annerose Melter. detebe 21285

*Meistererzählungen*
Deutsch von Wolfram Schäfer u.a.
detebe 21620

## ● Romane

*Drei große Romane*
Der Mörder / Der große Bob / Drei Zimmer in Manhattan. Deutsch von Linde Birk und Lothar Baier. detebe 21596

*Brief an meinen Richter*
Roman. Deutsch von Hansjürgen Wille und Barbara Klau. detebe 20371

*Der Schnee war schmutzig*
Roman. Deutsch von Willi A. Koch
detebe 20372

*Die grünen Fensterläden*
Roman. Deutsch von Alfred Günther
detebe 20373

*Im Falle eines Unfalls*
Roman. Deutsch von Hansjürgen Wille und Barbara Klau. detebe 20374

*Sonntag*
Roman. Deutsch von Hansjürgen Wille und Barbara Klau. detebe 20375

*Bellas Tod*
Roman. Deutsch von Elisabeth Serelmann-Küchler. detebe 20376

*Der Mann mit dem kleinen Hund*
Roman. Deutsch von Stefanie Weiss
detebe 20377

*Drei Zimmer in Manhattan*
Roman. Deutsch von Linde Birk
detebe 20378

*Die Großmutter*
Roman. Deutsch von Linde Birk
detebe 20379

*Der kleine Mann von Archangelsk*
Roman. Deutsch von Alfred Kuoni
detebe 20584

*Der große Bob*
Roman. Deutsch von Linde Birk
detebe 20585

*Die Wahrheit über Bébé Donge*
Roman. Deutsch von Renate Nickel
detebe 20586

*Tropenkoller*
Deutsch von Annerose Melter
detebe 20673

*Ankunft Allerheiligen*
Roman. Deutsch von Eugen Helmlé
detebe 20674

*Der Präsident*
Roman. Deutsch von Renate Nickel
detebe 20675

*Der kleine Heilige*
Roman. Deutsch von Trude Fein
detebe 20676

*Der Outlaw*
Roman. Deutsch von Liselotte Julius
detebe 20677

*Der Verdächtige*
Roman. Deutsch von Eugen Helmlé
detebe 20679

*Die Verlobung des Monsieur Hire*
Roman. Deutsch von Linde Birk
detebe 20681

*Der Mörder*
Roman. Deutsch von Lothar Baier
detebe 20682

*Die Zeugen*
Roman. Deutsch von Anneliese Botond
detebe 20683

*Die Komplizen*
Roman. Deutsch von Stefanie Weiss
detebe 20684

*Die Unbekannten im eigenen Haus*
Roman. Deutsch von Gerda Scheffel
detebe 20685

*Der Ausbrecher*
Roman. Deutsch von Erika Tophoven-Schöningh. detebe 20686

*Wellenschlag*
Roman. Deutsch von Eugen Helmlé
detebe 20687

*Der Mann aus London*
Roman. Deutsch von Stefanie Weiss
detebe 20813

*Die Überlebenden der Télémaque*
Roman. Deutsch von Hainer Kober
detebe 20814

*Der Mann, der den Zügen nachsah*
Roman. Deutsch von Walter Schürenberg
detebe 20815

*Zum Weißen Roß*
Roman. Deutsch von Trude Fein
detebe 20986

*Der Tod des Auguste Mature*
Roman. Deutsch von Anneliese Botond
detebe 20987

*Die Fantome des Hutmachers*
Roman. Deutsch von Eugen Helmlé
detebe 21001

*Die Witwe Couderc*
Roman. Deutsch von Hanns Grössel
detebe 21002

*Schlußlichter*
Roman. Deutsch von Stefanie Weiss
detebe 21010

*Die schwarze Kugel*
Roman. Deutsch von Renate Nickel
detebe 21011

*Die Brüder Rico*
Roman. Deutsch von Angela von Hagen
detebe 21020

*Antoine und Julie*
Roman. Deutsch von Eugen Helmlé
detebe 21047

*Betty*
Roman. Deutsch von Raymond Regh
detebe 21057

*Der Neger*
Roman. Deutsch von Linde Birk
detebe 21118

*Die Tür*
Roman. Deutsch von Linde Birk
detebe 21114

*Das blaue Zimmer*
Roman. Deutsch von Angela von Hagen
detebe 21121

*Der Bürgermeister von Furnes*
Roman. Deutsch von Hans Grössel
detebe 21209

*Es gibt noch Haselnußsträucher*
Roman. Deutsch von Angela von Hagen
detebe 21192

*Die Glocken von Bicêtre*
Roman. Neu übersetzt von Angela von Hagen. detebe 20678

*Das Testament Donadieu*
Roman. Deutsch von Eugen Helmlé
detebe 21256

*Der Untermieter*
Roman. Deutsch von Ralph Eue
detebe 21255

*Die Leute gegenüber*
Roman. Deutsch von Hans-Joachim Hartstein. detebe 21273

*Weder ein noch aus*
Roman. Deutsch von Elfriede Riegler
detebe 21304

*Auf großer Fahrt*
Deutsch von Angela von Hagen
detebe 21327

*Der Bericht des Polizisten*
Deutsch von Markus Jakob
detebe 21328

*Die Zeit mit Anaïs*
Deutsch von Ursula Vogel
detebe 21329

*Der Passagier der Polarlys*
Roman. Deutsch von Stephanie Weiss
detebe 21377

*Die Katze*
Roman. Deutsch von Angela von Hagen
detebe 21378

*Die Schwarze von Panama*
Roman. Deutsch von Ursula Vogel
detebe 21424

*Das Gasthaus im Elsaß*
Roman. Deutsch von Angela von Hagen
detebe 21425

*Das Haus am Kanal*
Roman. Deutsch von Ursula Vogel
detebe 21426

*Der Zug*
Roman. Deutsch von Trude Fein. detebe 21480

*Striptease*
Roman. Deutsch von Angela von Hagen
detebe 21481

*45° im Schatten*
Roman. Deutsch von Angela von Hagen
detebe 21482

*Die Eisentreppe*
Roman. Deutsch von Angela von Hagen
detebe 21557

*Das Fenster der Rouets*
Roman. Deutsch von Stefanie Weiss
detebe 21558

*Die bösen Schwestern von Concarneau*
Roman. Deutsch von Ingrid Altrichter
detebe 21559

*Der Sohn Cardinaud*
Roman. Deutsch von Linde Birk
detebe 21598

*Der Zug aus Venedig*
Roman. Deutsch von Liselotte Julius
detebe 21617

*Weißer Mann mit Brille*
Roman. Deutsch von Ursula Vogel
detebe 21635

*Der Bananentourist*
Roman. Deutsch von Barbara Heller
detebe 21679

*Monsieur La Souris*
Roman. Deutsch von Renate Heimbucher-Bengs. detebe 21681

*Der Teddybär*
Roman. Deutsch von Ingrid Altrichter
detebe 21682

*Die Marie vom Hafen*
Roman. Deutsch von Ursula Vogel
detebe 21683

*Der reiche Mann*
Roman. Deutsch von Stefanie Weiss
detebe 21753

*»... die da dürstet«*
Roman. Deutsch von Irène Kuhn
detebe 21773

*Vor Gericht*
Roman. Deutsch von Linde Birk. detebe 21786

## ● Maigret-Romane und -Erzählungen

*Weihnachten mit Maigret*
Zwei Romane und eine Erzählung. Leinen

*Der Goldene Gelbe 88*
Einmalige Sonderausgabe. Enthält folgende Romane: Maigret amüsiert sich / Mein Freund Maigret / Maigret und die junge Tote. Deutsch von Renate Nickel, Annerose Melter und Raymond Regh. detebe 21597

*Maigrets erste Untersuchung*
Roman. Deutsch von Roswitha Plancherel
detebe 20501

*Maigret und Pietr der Lette*
Roman. Deutsch von Wolfram Schäfer
detebe 20502

*Maigret und die alte Dame*
Roman. Deutsch von Renate Nickel
detebe 20503

*Maigret und der Mann auf der Bank*
Roman. Deutsch von Annerose Melter
detebe 20504

*Maigret und der Minister*
Roman. Deutsch von Annerose Melter
detebe 20505

*Mein Freund Maigret*
Roman. Deutsch von Annerose Melter
detebe 20506

*Maigrets Memoiren*
Roman. Deutsch von Roswitha Plancherel
detebe 20507

*Maigret und die junge Tote*
Roman. Deutsch von Raymond Regh
detebe 20508

*Maigret amüsiert sich*
Roman. Deutsch von Renate Nickel
detebe 20509

*Hier irrt Maigret*
Roman. Deutsch von Elfriede Riegler
detebe 20690

*Maigret und der gelbe Hund*
Roman. Deutsch von Raymond Regh
detebe 20691

*Maigret vor dem Schwurgericht*
Roman. Deutsch von Wolfram Schäfer
detebe 20692

*Maigret als möblierter Herr*
Roman. Deutsch von Wolfram Schäfer
detebe 20693

*Madame Maigrets Freundin*
Roman. Deutsch von Roswitha Plancherel
detebe 20713

*Maigret kämpft um den Kopf eines Mannes*
Roman. Deutsch von Roswitha Plancherel
detebe 20714

*Maigret und die kopflose Leiche*
Roman. Deutsch von Wolfram Schäfer
detebe 20715

*Maigret und die widerspenstigen Zeugen*
Roman. Deutsch von Wolfram Schäfer
detebe 20716

*Maigret am Treffen der Neufundlandfahrer*
Roman. Deutsch von Annerose Melter
detebe 20717

*Maigret bei den Flamen*
Roman. Deutsch von Claus Sprick
detebe 20718

*Maigret und die Bohnenstange*
Roman. Deutsch von Guy Montag
detebe 20808

*Maigret und das Verbrechen in Holland*
Roman. Deutsch von Renate Nickel
detebe 20809

*Maigret und sein Toter*
Roman. Deutsch von Elfriede Riegler
detebe 20810

*Maigret beim Coroner*
Roman. Deutsch von Wolfram Schäfer
detebe 20811

*Maigret, Lognon und die Gangster*
Roman. Deutsch von Wolfram Schäfer
detebe 20812

*Maigret und der Gehängte von Saint-Pholien*
Roman. Deutsch von Sibylle Powell
detebe 20816

*Maigret und der verstorbene Monsieur Gallet*
Roman. Deutsch von Roswitha Plancherel
detebe 20817

*Maigret regt sich auf*
Roman. Deutsch von Wolfram Schäfer
detebe 20820

*Maigret und das Schattenspiel*
Roman. Deutsch von Claus Sprick
detebe 20734

*Maigret und die Keller des Majestic*
Roman. Deutsch von Linde Birk
detebe 20735

*Maigret contra Picpus*
Roman. Deutsch von Hainer Kober
detebe 20736

*Maigret läßt sich Zeit*
Roman. Deutsch von Sibylle Powell
detebe 20755

*Maigrets Geständnis*
Roman. Deutsch von Roswitha Plancherel
detebe 20756

*Maigret zögert*
Roman. Deutsch von Annerose Melter
detebe 20757

*Maigret und der Treidler der »Providence«*
Roman. Deutsch von Claus Sprick
detebe 21029

*Maigrets Nacht an der Kreuzung*
Roman. Deutsch von Annerose Melter
detebe 21050

*Maigret hat Angst*
Roman. Deutsch von Elfriede Riegler
detebe 21062

*Maigret erlebt eine Niederlage*
Roman. Deutsch von Elfriede Riegler
detebe 21120

*Maigret gerät in Wut*
Roman. Deutsch von Wolfram Schäfer
detebe 21113

*Maigret verteidigt sich*
Roman. Deutsch von Wolfram Schäfer
detebe 21117

*Maigret und der geheimnisvolle Kapitän*
Roman. Deutsch von Annerose Melter
detebe 21180

*Maigret und die alten Leute*
Roman. Deutsch von Annerose Melter
detebe 21200

*Maigret und das Dienstmädchen*
Roman. Deutsch von Hainer Kober
detebe 21220

*Maigret und der Fall Nahour*
Roman. Deutsch von Sibylle Powell
detebe 21250

*Maigret im Haus des Richters*
Roman. Deutsch von Liselotte Julius
detebe 21238

*Maigret und der Samstagsklient*
Roman. Deutsch von Angelika Hildebrandt-Essig. detebe 21295

*Maigret in New York*
Roman. Deutsch von Bernhard Jolles
detebe 21308

*Maigret und die Affäre Saint-Fiacre*
Roman. Deutsch von Werner De Haas
detebe 21373

*Maigret stellt eine Falle*
Roman. Deutsch von Angela von Hagen
detebe 21374

*Sechs neue Fälle für Maigret*
Erzählungen. Deutsch von Elfriede Riegler
detebe 21375

*Maigret in der Liberty Bar*
Roman. Deutsch von Angela von Hagen
detebe 21376

*Maigret und der Spion*
Roman. Deutsch von Hainer Kober
detebe 21427

*Maigret und die kleine Landkneipe*
Roman. Deutsch von Bernhard Jolles und Heide Bideau. detebe 21428

*Maigret und der Verrückte von Bergerac*
Roman. Deutsch von Hainer Kober
detebe 21429

*Maigret, die Tänzerin und die Gräfin*
Roman. Deutsch von Hainer Kober
detebe 21484

*Maigret macht Ferien*
Roman. Deutsch von Markus Jakob
detebe 21485

*Maigret und der hartnäckigste Gast der Welt*
Erzählungen. Deutsch von Linde Birk und Ingrid Altrichter. detebe 21486

*Maigret verliert eine Verehrerin*
Roman. Deutsch von Ingrid Altrichter
detebe 21521

*Maigret in Nöten*
Roman. Deutsch von Markus Jakob
detebe 21522

*Maigret und sein Rivale*
Roman. Deutsch von Ingrid Altrichter
detebe 21523

*Maigret und die schrecklichen Kinder*
Roman. Deutsch von Paul Celan
detebe 21574

*Maigret und sein Jugendfreund*
Roman. Deutsch von Markus Jakob
detebe 21575

*Maigret und sein Revolver*
Roman. Deutsch von Ingrid Altrichter
detebe 21576

*Maigret auf Reisen*
Roman. Deutsch von Ingrid Altrichter
detebe 21593

*Maigret und die braven Leute*
Roman. Deutsch von Ingrid Altrichter
detebe 21615

*Maigret und der faule Dieb*
Roman. Deutsch von Stefanie Weiss
detebe 21629

*Maigret und die verrückte Witwe*
Roman. Deutsch von Michael Mosblech
detebe 21680

*Maigret und sein Neffe*
Roman. Deutsch von Ingrid Altrichter
detebe 21684

*Maigret und Stan der Killer*
Vier Fälle für Maigret. Deutsch von Inge Giese und Eva Schönfeld. detebe 21741

*Maigret und das Gespenst*
Roman. Deutsch von Barbara Heller
detebe 21760

*Maigret in Kur*
Roman. Deutsch von Irène Kuhn
detebe 21770

*Madame Maigrets Liebhaber*
Vier Fälle für Maigret. Deutsch von Ingrid Altrichter, Inge Giese und Josef Winiger
detebe 21791

## *Maurice Leblanc im Diogenes Verlag*

*Arsène Lupin – Der Gentleman-Gauner*
Roman. Aus dem Französischen von Erika Gebühr
detebe 20127

*Die hohle Nadel oder*
*Die Konkurrenten des Arsène Lupin*
Deutsch von Erika Gebühr
detebe 20239

*813 – Das Doppelleben des Arsène Lupin*
Roman. Deutsch von Erika Gebühr
detebe 20931

*Der Kristallstöpsel oder*
*Die Mißgeschicke des Arsène Lupin*
Roman. Deutsch von Erika Gebühr
detebe 20932

*Die Gräfin von Cagliostro oder*
*Die Jugend des Arsène Lupin*
Roman. Deutsch von Erika Gebühr
detebe 20933

*Arsène Lupin kontra Herlock Sholmes*
Roman. Deutsch von Erika Gebühr
detebe 21026

*Die Insel der 30 Särge*
Roman. Deutsch von Lothar Schmidt und Ulrike Simon
detebe 21198

*Die Uhr schlägt achtmal*
Roman. Deutsch von Erika Gebühr
detebe 21254